学校司書という仕事

高橋恵美子

青弓社

学校司書という仕事　　目次

はじめに ———————————————————— 7

第1章 学校司書ができること ———————— 11

    1 小学校の図書館で 11
    2 高校の図書館で 14
    3 授業で使う——小学校の図書館で 17
    4 授業で使う——高校の図書館で 22
    5 学校司書の仕事とは 33

第2章 学校司書とは ———————————————— 38

    1 学校司書とは 38
    2 学校司書の誕生 42
    3 学校司書が開拓した図書館実践 44
    4 学校司書の職務をめぐって 49
    5 学校図書館法の改正とその後の動き 54
    6 学校司書の配置状況 56
    7 学校司書が抱える問題 60

コラム1 『きつねのししょさんのいちにち』 69

第3章 学校図書館とは ———————————————— 74

    1 学校図書館は学校の「心臓」？ 74
    2 学校図書館の使命・目的・機能は 75

3　学校図書館が図書館であるということ　78
　　4　学校図書館の図書館サービスとは　83
　　5　図書館機能を大事にする意味　89
　　6　子どもたちの学びを支える　94
　　7　子どもたちの読書やメディア体験を
　　　　豊かにする　96
　　8　これからの学校図書館　98

第4章　高校の学校司書 ───── 105

　　1　配置率が高い高校の学校司書　105
　　2　はじまりはレファレンス・サービス　106
　　3　レファレンス・サービスから
　　　　教科との連携へ　111
　　4　教科との連携──2冊の本　114
　　5　予約制度導入へ　120
　　6　図書館サービスに徹する　125
　　7　高校の学校司書の実践　131

コラム2　学校図書館の日常　138

第5章　小・中学校の学校司書 ───── 144

　　1　高校と異なる小・中学校の学校司書　144
　　2　岡山市の学校司書の活動　147
　　3　学校図書館を考える会・近畿と
　　　　「ぱっちわーく」　150

4　東京都日野市の学校司書配置とその後　153
　　5　千葉県袖ケ浦市の学校司書配置と
　　　　調べる学習コンクール　157
　　6　山形県鶴岡市立朝暘第一小学校の取り組みが
　　　　学校図書館大賞に　160
　　7　東京学芸大学附属学校司書による
　　　　学校図書館活用データベース　163
　　8　小・中学校の学校司書の現在　167

第6章　**学校司書になるには**──────── 172

　　1　学校司書に必要な資質は　172
　　2　どんな資格が必要か　175
　　3　レファレンス・サービスとは　176
　　4　学校図書館活動チェックリスト　181
　　5　学校司書の本を読んでおこう　182
　　6　雇用条件を確認する　185

おわりに ──────────────── 187

装丁──犬塚勝一

はじめに

　2014年に学校図書館法が改正され、学校司書が法律に記載されることになりました。この14年法改正の要因には、次のような点があると考えています。

　1つ目は、学習指導要領の改訂に伴って学校図書館が果たす役割が大きくなっていることです。2002年（小・中学校）と03年（高等学校）に実施された学習指導要領で導入された総合的な学習の時間は、「自ら課題を見付け、自ら学び、自ら考え、主体的に判断し、よりよく問題を解決する資質や能力を育てること」などをねらいとしていました。総合的な学習の時間の導入は、この時期必ずしも成功したとはいえませんが、学びを子ども主体でとらえる考え方が取り入れられたことは、学校図書館にとって大きな意義があることでした。11年（小学校）、12年（中学校）、13年（高等学校）で実施された現行の学習指導要領では、基礎的な知識や技能の習得と思考力・判断力・表現力の育成を強調しています。総合的な学習の時間の授業数は削減されましたが、学習指導要領解説で「探究的な学習における児童の姿」として「1　課題の設定　2　情報の収集　3　整理・分析　4　まとめ・表現」の探究の過程を表す図が示されました。現在改訂作業が進行中の次期学習指導要領は、「主体的・対話的で深い学び」の実現として「アクティブ・ラーニング」を重視しています。16年10月に公表された文部科学省の学校図書館の整備充実に関する調査研究協力者会議『これからの学校図書館の整備充実について（報告）の概要』でも、基本的な考え方として「これからの学校図書館は、読書活動の利活用に加え、授業における様々な学習における利活用を通

じて、子供たちの言語能力、情報活用能力等の育成を支え、主体的・対話的で深い学び（アクティブ・ラーニングの視点からの学び）を効果的に進める基盤としての役割が重要」と記述しています。

　2つ目は、文部科学省が、学校図書館の整備充実を学力向上と結び付けて考えるようになった点です。たとえば、子どもの読書サポーターズ会議（2007―08年）の「広報パンフレット」（2009年）に、「読書が好きな児童生徒や読書する時間の長い児童生徒は、全般的に見て、国語の問題で正答率が概ね高い傾向が見られました」として、グラフを示しています。同様に2015年のリーフレット「みんなで使おう！学校図書館」でも「全国学力・学習状況調査では、読書が好きな児童生徒の方が、正答率が高い傾向が見られました（左のグラフ）。また、学力に影響を与える保護者の関与としても読書は大きな影響があることも確認されています（右のグラフ）」となっています。このリーフレットにはさらに、「学校司書が配置されている学校の方が児童生徒の読書量が多いことが確認されています」とあり、グラフが示されています。このことも学校図書館の整備充実の後押しになっています。

　3つ目として、2012年度から地方交付税措置として学校司書配置のための予算措置がなされました。学校司書はこの時点では、まだ法律に明記されていません。法律にない職員配置のための予算措置がなされたこと、また文科省の学校図書館の現状に関する調査でも、調査のたびに学校司書の配置率が上昇していることも、法改正の必要性を高めたと考えられます。

　4つ目は、司書教諭についての理解が広がったことが推測されます。司書教諭は、司書教諭資格を持つ教諭に対して「教諭が担当する校務分掌の一つとして」（文部省通知、2003年1月）発令されてなるものです。この発令は教育委員会がおこなう場合と学校長がおこなう場合があります。司書教諭は、通常の教諭の仕事の

うえに図書館の仕事をする規定になっているので、司書教諭になったからといって、必ずしも図書館の仕事をする時間が確保できるわけではありません。公立学校の場合、全国平均で週1.5時間が図書館の仕事にあてられる時間なのです(5)。このことは、学校図書館がその機能とはたらきを発揮するためには学校司書の存在が不可欠であるということにつながります。

とはいえ、この法改正は、学校司書が置かれている状況を公的に認めたというだけで、学校司書の配置を各自治体の努力に委ねている状況を変えるものにはなっていません。学校司書が抱えている問題の根本的な解決につながるかというと、現時点では何ともいえないのです。学校図書館運営と活動を担う学校司書の役割は、近年大変大きくなっているにもかかわらず、課題は山積しています。

本書は、学校図書館が学校教育で果たす役割とともに、学校司書が蓄積してきた実践の歴史を追うこと、学校司書が担う図書館サービスの意味を明らかにすることを目的としています。学校司書になりたい人に役に立つ本を、という思いもありますが、雇用の状況があまりよくないこともあって、ストレートに学校司書になろう！といえない点が残念です。学校図書館に興味があるすべての人に、何らかのヒントになればと願うばかりです。

注

（1）学校図書館の整備充実に関する調査研究協力者会議『これからの学校図書館の整備充実について（報告）の概要』(http://www.mext.go.jp/component/b_menu/shingi/toushin/__icsFiles/afieldfile/2016/10/20/1378460_01_2.pdf)［2017年3月10日アクセス］
（2）子どもの読書サポーターズ会議「広報パンフレット」3ページ（http://www.mext.go.jp/a_menu/shotou/dokusho/meeting/__

icsFiles/afieldfile/2009/04/16/1243926_002.pdf)〔2017年3月10日 アクセス〕
（3）文部科学省「みんなで使おう！学校図書館」5ページ（http://www.mext.go.jp/component/a_menu/education/micro_detail/__icsFiles/afieldfile/2015/08/05/1360321_1.pdf)〔2017年3月10日 アクセス〕
（4）文部科学省「学校図書館司書教諭の発令について」（http://www.mext.go.jp/b_menu/hakusho/nc/t20030121001/t20030121001.html)〔2017年3月10日アクセス〕
（5）文部科学省『平成28年度「学校図書館の現状に関する調査」の結果について』（http://www.mext.go.jp/a_menu/shotou/dokusho/link/__icsFiles/afieldfile/2016/10/13/1378073_01.pdf)〔2017年3月10日アクセス〕

第1章
学校司書ができること

1　小学校の図書館で

　つい1ヶ月ほど前、2時間目の後の休み時間に6年生の男の子ふたりが図書館に駆け込んできて「先生、大変や。ウシガエルや。1年生がウシガエルを持ってきた！」と言うのです。私が「へえ〜カエル？」と気のない返事をしている間にも、4類の棚に行くと、「爬虫類・両生類」の図鑑と『生き物の持ち方大全』（山と渓谷社）という2冊の本を持ってきて「借りていくで」と、また走り去っていきました。

　何が大変だったかわかったのは、4時間目です。1年生の図書の時間に、女の子が「先生、きょう大きなカエルを持ってきてん」と言うのです。おお、このことかと思っていると、担任の先生がすすっとやってきて、「お父さんがつかまえたって、学校に持ってきてくれてんけど、すぐ6年生の男の子がきて '先生、これはウシガエルや。外来生物で、飼ったら300万円以下の罰金やで' って図書館の本を見せるから、法律に違反するわけにはいけへんし、これ、また家に持って帰ってって頼んでん。その本もコピーしたわ。」とのことでした。

　私はすばらしいと思いました。彼らは、ただ「これは、あかん」と言わないで、説得材料として、まずそれがウシガエ

ルであることを示すために図鑑を提示した。そして、法律ではこうなっているということが書かれている本をも持って行って論拠を示したのです。なんて論理的かつ実証的な態度でしょう！

　また、カウンターでこんなことをいう1年生がいました。「ゾロリの本を予約してんけど、まだ届けへんの？　いまだれが借りてんの？」そうすると、近くにいた4年生の子がこう言いました。「図書館は、誰が借りてるかは、言わないことになってるねん。それを、こう言うねんで。スパイシー。」……。プライバシーであろうと、スパイシーであろうと、彼は、図書館の本質を理解していたのです。これもすばらしいと思いました。(1)

このエピソードは、2012年学校図書館問題研究会福島大会での、豊中市の小学校司書内川育子さんの実践報告によるものです。内川さんの報告は、このように図書館での子どもの様子が生き生きと語られます。聞いていると、いつもほのぼのした気持ちにさせられます。内川さんは、09年にも、日本図書館協会学校図書館部会夏季研究集会で報告をしています。

　休み時間に3年生の男の子2人がカウンターにやってきて、「あんな」と話しはじめ、こんなことを言います。「さっきの時間、クラスでドッジボールしてん。」「ふんふん」「前もしてんけど、また、相手チームに負けてん。」「ほおほお、それはそれは。相手チームが強いねんね。」と言ったんです。そうすると、「相手チームが強いんと違うねん。いっつも先生があっちをひいきするから、ぼくらが負けるねん！」「ほ〜お、それでどうしたいの？」「だからな、なんか本がないかと思って。」「ドッジボールが強くなる本やね。」と言います

と、「違うよ、先生がひいきするときには、どうしたらいいかが書いてある本がないかなと思って。」と答えるのです。「それなら1類のこころの悩みのタナにあるかもね。」と、1類のタナに導きます。そうすると『学校・友だち・先生のなやみ』(ポプラ社)というのがあって、'ひいきされてズルイって友だちがいうの''先生にきらわれているみたいなんだ'なんて悩みが書かれていて、「あ、これ借りていくわ」と言って借りていきました。

　次にやってきたのは、2年生の男の子です。「あんな」─だいたい大阪では「あんな」からはじまるんです─、「あんな、この間アボカドを食べてん。」「それはよかったわね」「そのアボカドの種をな、クラスの前の土の中に埋めてん。」「ふんふん、それで」「そしたら今日見たらなんか芽が出てんねん。」「よかったね」「あれ、アボカドの芽とちゃうかな？それで、調べに来てん。アボカドの葉っぱって、どんなん？」それならと、6類の棚に連れて行きました。だいたい植物は4類ですけれども、果物は、6類の栽培の棚にある本の方が詳しくて、そこにある果物の本にアボカドのことも載っていまして、それで満足して借りて帰りました。

　また、朝からやってきた4年生の女の子。「なあなあ、ウグイスってどんな鳥なん。」「ふんふん、どうしたの」「きょうの朝、なんか鳥が鳴いてて、そばにいた人が、'あれはウグイスや'て言うねん。それで、ほんまにウグイスかどうか確かめてみたいねん。」それでは、と4類のタナに行って、いっしょに調べてみました。こんなふうに子どもたちが「あんな」と思ったときに、パッと提供しなければ意味がないので、自校蔵書の充実は欠かせないのです。

　また、先生方も、先日は4年生の先生がやってきて「教科書にヨシ（葦）って出てきたんですけど、ヨシってどんな木

ですか。」とおっしゃるんです。「木じゃないんですけど」と言ったんですが、答えるより資料提供です。「ヨシですね。」と言って、ヨシというとやっぱり琵琶湖のヨシが思い浮かびますよね。『琵琶湖の魚』(今森洋輔著　偕成社)というのがあります。あれに琵琶湖の鳥とその横にほんとうに見事なヨシが生えている様子がありましたので、それを思い出してその本を提供しました。それから葦は「アシ」と同じことですよね。語感が悪いからヨシというんですが、『かがくのとも』(福音館書店　2002年11月号)に「あし─みずべのしょくぶつ」というのがあり、とてもいい資料だと思ったので、それも図鑑と一緒に提供しました。[(2)]

2　高校の図書館で

　高校の図書館の場合を見てみましょう。こちらはちょっと古くなりますが、2002年に発行された三重県学校図書館協議会司書部レファレンス研究会の『学校図書館でしらべよう』に載っている文章です。書いたのは、当時三重県の県立高校司書だった西岡博子さんです。

　　〈何かあったのかなあ……〉
　「あのう、お金のことでだまされた時、どうしたらいいか、調べる本ありますか。」
　　ふだんあまり図書館には現れない、3年生の女の子が、ちょっと緊張した顔で聞いてきました。「はいはい」、いつもの営業スマイルで、いっしょに本棚に向かいます。しかしさあたいへん、心の中はどきどきです。「何があったのかなあ、自分のことなのかなあ、だいじょうぶかなあ……。」くわし

く聞きたい気持ちを抑えて、去年、同じ質問があったときに購入しておいた本を何冊か紹介します。

「3社会科学ここに商取引の本のこれと、これと……それからね、この『日常生活の法律全集』（自由国民社　1999）は具体的にいろんな相談事例が書いてあるしね……」「ここにある本が役に立たないようなら他の本も探すから言ってね。」「それと、本ではよくわからないこともあるし、自分の判断で間違うこともあるかもしれないから、専門家に相談するという方法もあるからね」NTTタウンページには、消費者相談窓口の電話番号が出ているのでそれも紹介しておきます。もう少し本をそろえておけばよかった、と反省が後悔に。

　ここまで紹介したら、あとは彼女の邪魔をしないようにさっさと引き下がりました。ただ、いつでも声をかけられるようにカウンターで仕事をすることに。しばらく熱心に調べていて「ありがとうございました」と、意外に明るい顔で帰っていったので、ほんの少し安心しました。

〈人気のTVや映画は要チェック〉

　11月に入ってすぐのことでした。「10月30日か31日の新聞ある？」

　3年生の彼女が調べたかったのは、大好きなテレビドラマ「ER」の出演者が、ハロウィンの夜に警察官に間違って射殺されたらしいのだが、それが自分の好きな俳優ではなかったかということでした。結局インターネットでいろいろ調べた結果、別の俳優だということがわかりましたが、こんな質問は本では間に合いません。こうなるとインターネットは、強力な情報源です。司書はインターネット検索術も磨かなければなりません。

　「催眠術の本が見たい」と、女の子が2人でやってきました。ほとんど本がなかったので、近くの公共図書館で2冊借りて

きたのですが、「催眠術をかけてみたい」という子どもたちには納得のいく本ではありませんでした。ところが、書店で探しても安心して見せられるような本が見つかりません。「もうちょっと探してみるから待ってね」と言いながら、悩み続け、探し続けました。すると、他の学校の司書からも「同じような要求があって悩んでいる。どんな内容の本でもよいから見たいと生徒が強く言っているがどうしたらいいだろう」と相談の電話がかかりました。テレビなどの影響があるのでしょう。結局、ずいぶん後になりましたが、検討して3冊購入しました。見たいと言ってくる子どもがいるということは、言わないけれど読みたいと思っている子どもが確実にいるのですから、見逃すわけにはいきません。

〈私にぴったりな本探して……〉

　学校図書館での質問は、調べ物だけではありません。
「あのね、『星の王子さま』みたいな本ないかなあ」と声をかけてきました。よくよくたずねてみると、絵本のようで、ある程度字があって、ストーリーが長い本が読みたいとのこと。文字ばかりではいけない。絵本ではだめ。頭を抱えながら、次々に何冊か紹介したら『犬さんがくる！』（ネストリンガー著　ほるぷ出版　1993）を借りていきました。とても気に入ってもらったようで、次は「『犬さんがくる！』みたいな本を」と言われ、また頭を抱えたのでした。

　こんな質問はしょっちゅうです。「面白い本が読みたい」というから小説を出せば、文字ばかりはイヤだという。絵本を出せば「私は子どもじゃないわ」という顔をする。「この物語の主人公は17歳でね、ある日ね……」とストーリーを話しても、表紙が気に入らないと手に取ってもらえない。それでも「私にぴったりの本を探して」といってくるわがままに、「そんな無茶な……」とため息をつきながら、紹介した

本を読んでもらえたらもうけものと、半分楽しんでつきあいます。

「感動する本が読みたい」「泣ける本を紹介して」……本棚の前で何冊か抜き取りながら、「ある日、まだ小さな男の子がお母さんに手を引かれて、連れて行かれたのが……」と紹介していきます。「この本がぴったり！だまされたと思って読んでみて」と1冊を手渡すことも。公共図書館ではなかなかできない、個人相手のブックトークや押し売りも、相手との信頼関係が築いていける学校図書館なればこそでしょう。

次はどんな質問がくるのか、さりげなく油断せず、待ち構えています。⁽³⁾

学校図書館に司書がいることのメリットとは、こういうことだと思います。日常的に学校図書館が開いていて、何か知りたいことを気軽に聞くことができ、読みたい本を紹介できる。また何か知りたいとか聞きたいことがなくても、子どもたちがふらっと行って、雑誌や新聞を見たり、ときには友達とおしゃべりしたり、学校のなかの居場所の一つになる。それが学校図書館の司書と図書館という知的空間の意義だと思います。

3　授業で使う——小学校の図書館で

学校のなかになぜ図書館が必要なのか、とときどき聞かれることがあります。その理由として、学校図書館があれば、子どもたちがいろいろな本と出合うことができる、読みたい本を自由に読むことができる、そして知りたいことを知りたいと思っているまさにそのときに、知ることができること、があげられます。日本では図書館で調べることを必要とする授業が、あまり一般的では

ありませんでした。だからよけいに、なぜ学校のなかに図書館？と思われてしまうのだと思います。

2008年（高校は2009年）に現行の学習指導要領が公示され、教科書も変わりました。新しい学習指導要領では「学校図書館を計画的に利用しその機能の活用を図り、児童の主体的、意欲的な学習活動や読書活動を充実すること」といった文言が入っていて、課題解決的な学習、言語活動の充実、探究的な学習などが求められています。学校図書館のさまざまな資料を使って調べ、考え、発信することが、重要とうたわれているのです。図書館として機能している学校図書館が、子どもの学びに必要なものとして位置づけられているので、図書館は子どもの学びも支援する力を持たなければなりません。

それでは内川さんは、この課題にどのように取り組んだのでしょうか。

　　たとえば、2年生の国語の教科書（『新しい国語二下』東京書籍）には、「どうぶつのひみつをみんなでさぐろう」という単元があります。そこでは、「本を読んでしりたいことを見つける力をみにつけよう」とあり、「どうぶつのひみつを図書館の本でしらべて、クイズをつくる→みにつけた読む力を生かして、本からクイズのこたえをさがす」となっています。そこで昨年の12月に取り組んだのが「どうぶつのひみつクイズ大会をしよう」です。事前に図書館がどういう支援をするのが効果的か、担任と相談。1学期の「植物調べ」のときに図鑑の使い方も学び、また、そのときに楽しく調べ学習ができたので、ちょっとステップアップした形をめざしました。

　　まずは、本をしっかり読んで、知ったことや面白かったこと、驚いたことなど、クイズにできそうなことをノートに書

どうぶつのひみつクイズ大会をしよう ［国語］（部分）
実践の流れ

次	時数	学習活動	備考
1	1時間	〈動物クイズをつくろう！〉どうぶつの生態について書かれた本や図鑑を読む。	クイズ作り
	1時間	自分がクイズにできそうだと思ったところをノートに抜き書きする。	
	1時間	抜き書きをしたものをもとにクイズを作る。	
2	2時間	〈動物のひみつクイズ大会をしよう！〉図書館本や図鑑で調べてクイズを解く。	クイズ大会

事前学習として

ノートに抜き書きする際の事前学習	・「ビーバーの大工事」の読みとりで、巣作りについて書かれている段落を、順序に気を付けて箇条書きで表す学習をした。 ・「ビーバーの大工事」で、「ビーバーってすごい」と感じる部分に線をひいて、読み取る学習をした。
クイズの作り方	・いつですか。どこですか。だれですか。何ですか。どのようにしますか。なぜですか。という聞き方にすればクイズになることをおさえた。
調べる前に	・子どもたちは、学校司書に、図鑑の使い方（目次、索引など）を教えてもらった。また、十進分類法（NDC）についても簡単に教えてもらい、どこに動物の本や図鑑があるかを一緒に確認した。

どうぶつのひみつクイズ大会の流れ（本時）

準備	それぞれ3問程度動物クイズを作らせ、作った問題用紙を教師が預かっておく
授業の流れ	①図書館に行きペアで座らせ、クイズを1ペアに1枚ずつ配布する。 ②ペアで、クイズの答えを図書館にある本や図鑑で探す。 ③答えをプリントに書く。 ④答え合わせをする。

いていきます。もちろん、どの本に書いていたのか、資料名は忘れずにメモします。そして、それをもとにクイズをつくります。どういう質問の形にしたらクイズになるのか、そのポイントをおさえます。クイズ大会は、自分に配られたクイズの答を図書館の本からさがすというものです。想定した本

以外からでも答をさがせたりして、楽しくできました。

　ちょうどその時期、3年生でも教科書に「研究レポートを書こう」とありました。小学校3年生で研究レポート？と驚いたのですが、教科書には「自分がきょうみを持ったことを調べて、研究レポートを書きましょう」とあるのです。自分の調べたいテーマを決め、調べることのできる本をさがし、レポートを書く、というものです。

　まずは調べること、つまりテーマを決めなければなりません。「きょうみを持ったこと」は何か。なるべく具体的なテーマにできるように、まず、「テーマのたまご」というワークシートを使ってテーマ決めをしてみました。卵形の白身の部分に興味のあることを書いて、真ん中の黄身のところでテーマをしぼらせました。図書館でさまざまな本を参考にしながら、最後は担任が一人一人に聞いてテーマ決めをしました。

　それから、調べることのできる本を探します。冬休み前に図書館で本探しをしたのですが、実に楽しそうに調べているのが印象的でした。「カメってこんなものを食べるんだ」とか「一角って、くじらの仲間みたいだよ」など、いろいろ発見しながら、本選びをしていました。

　3年生は、すでに国語辞典や図鑑の使い方は学んでいます。目次や索引、そして、図書館の本の分類などもおさらいしながら、使った本の名前は書くなどということもおさえながら、とにかく"調べることを楽しむ"ことを学べたと思います。

　こうしたことを想定して、昨年度は、豊中市の司書連絡会（月に一度、学校司書が集まり、連絡、研修する会）の小学校部会では、各学年に対して、図書館でどんな支援ができるのか、新しい教科書の検討と支援の方法をグループ別に研究しました。私は3年生の国語班だったのですが、その班ではまず教

学校図書館支援表：3年生（部分）

3年生	
単元名	活用方法
上1、すいせんのラッパ ・本にしたしもう ・自分をしょうかいしよう ・国語じてんの使い方を知ろう	紹　工藤直子の本　　BT　春 関　読書記録・感想カード 利　国語辞典の使い方
2、自然のかくし絵 ・えらんだ理由を話そう ・かんさつしたことを書こう ・形のかわる言葉に気をつけよう	利　図鑑の使い方（目次や索引を使おう） 関　昆虫調べ 利　国語辞典の使い方
3、ゆうすげ村の小さな旅館 ・話を聞いてメモをとろう ・漢字の組み立てと意味を考えよう	紹　茂市久美子の本 BT　不思議なお話（日本・外国） 利　漢字辞典の使い方

科書を読み込み、どんな支援ができるのかを支援表にしました。そして、具体的な支援のやり方として、ブックトークの方法や利用教育で使うワークシートの検討などを行いました。

そこでつくった3年生の支援表を自校の司書教諭に見ていただいたところ、「わかりやすくていい」と言ってくださって、「全学年分作りましょう」ということになり、作ったのが「学校図書館支援表」です。あえてシンプルに、そして司書教諭の目で、「こんな支援をしてくれるとうれしい」ということを基準にしています。

これを校務分掌で図書館が所属している情操教育部で見せたところ、見やすいと好評で、「B5サイズで、指導書に挟み込めるようにしたらいい」とアドバイスされたので、その通りにしました。年度初めに図書館年間指導計画とともにこの支援表を入れたことで、図書の時間に何を行うのか、図書館でどういったことができるのかが年間を通して見通せることになり、先生方も図書館も予定を立てやすくなったと思います。(4)

第1章　学校司書ができること

4 授業で使う──高校の図書館で

　内川さんの実践報告がおこなわれた2012年学校図書館問題研究会福島大会では、高校の学校司書として島根県県立高校の学校司書漆谷成子さんの実践報告もおこなわれています。ここでは、2年生の総合学習と保健体育のレポート学習を中心に、漆谷さんがどう授業に関わったのかを紹介します。

1年目

　異動して1年目、漆谷さんは授業でも活用できる図書館にするために、館内のレイアウトの変更をおこなっています。また、本の収集や廃棄の方針を職員会議にかけ、使えない資料を廃棄するなどの図書館整備、さらには「評論文読解・小論文のためのブックリスト2008」の作成、新聞記事の切り抜きの開始、現代国語のための「LibraryNAVI」の作成などもおこなっています。1年目の活動では、授業のなかで生徒の動きをじっくり観察した、ということです。

　授業のうち、図書館が主に関わるのは「総合的な学習の時間──人権」と保健体育のレポート学習で、両方とも2年生全員が取り組みます。「総合的な学習の時間──人権」では、漆谷さんは初年度なのでそれまでのやり方を踏襲して、生徒の動きや授業スタイルを観察し、生徒の個別支援をおこなうことに徹します。また、授業担当者の求めに応じて「著作権」「インターネットの長所・短所」について説明しています。生徒の調べ学習の様子を見ると、「①直接書架にあたって資料を探す時間が大変かかっていて、時間の制約のある中で、情報までたどりつくことがむずかしい。②本には載っていないから（本で探すのは面倒くさいから）

写真1　現代国語のための「LibraryNAVI」

PC教室でインターネットを使いたいという生徒がかなりいた。③手分けして調べ、パワーポイントのスライドをそれぞれが作成するという個人作業で、発表もグループ代表者が原稿を読む形だった。④実際の発表内容は、資料やインターネットをひき写しただけのものもあった。⑤グループワークをしているのにもかかわらず、スライドを作り込むことに時間をとられて、話し合いもあまり行われていなかった」ということに漆谷さんは気がつきます。

保健体育のレポート学習でも、発表の形式が必ずしも学年で統一されていないこと、A4一枚のレジュメ（発表原稿）をただ読むだけに終わっていることに疑問を呈しています。この授業では、「情報カードの使い方」を説明し、長いものを書くときは下調べをしたカードを組み合わせて、構成を考えたほうが結果的に楽だということを伝えた、とのことです。

2年目

2年目に入り、古い資料の除架もほとんど終わり、案内板や見

出しもほぼできあがったことから、授業への支援を積極的におこなうことができるようになったと漆谷さんは述べています。1年目は教師の求めに応じておこなっていた説明を、自ら申し出ておこなうようになります。授業で使うテーマごとの資料をあらかじめ図書館の側で選書して提供、また、図書館から通常授業（PC教室）に出向いて「発表練習をしよう」と声かけをしています。これは発表の質を改善するためでした。1年目の授業観察を生かして、生徒にとって意味がある学習の形を実現しようとする試みでした。

「総合的な学習の時間――人権」では、担当分掌である人権同和教育部へ「著作権などの話を5分だけ教室でさせてください」とお願いし、「著作権」「インターネットの長所・短所」「情報カードを使った情報整理法」について各クラスで20分ずつ説明しています。生徒が実際に図書館に来るときには、7つのテーマのパスファインダー(7)を作成しておき、また調査に必要な情報が載っている資料をあらかじめ選書し、テーマごとに箱に入れておきました。調べて発表する内容は決まっているので、書架を探し回る時間を短縮するためです。この方法は、資料を探すことに重点がある場合に学校図書館がとる方法ではありませんが、生徒の学びの質を上げることを重視したとのことです。

　図書館での調査が終わって、プレゼンテーションのスライドを作るときにはPC教室に出かけ、彼らの作成状況を見たり、早くできたグループに「発表練習をしよう」と声をかけ、授業担当者の前で発表の練習をするように促したそうです。授業担当者も発表練習を通して、原稿やスライドのチェックを授業時間中にできたので、締め切り後、1人でチェックするよりも楽だったようです。

　保健体育では、小学校でよく使われているワークシート（通称ペンタゴン）を使って、レポートの構成を考える方法を伝える時

写真2　2年目に作成した小論文のための系統別パスファインダー

間を確保しました。生徒が書いたペンタゴンを見せてもらうことで、彼らが決めたテーマの何を調べようとしているか把握することもできたそうです。相互評価シートは、全クラスでやってもらうように授業担当者にはたらきかけたところ、結果的には聞く態度もよくなり、発表会自体がよくなったと授業担当者に評価されたといいます。

3年目

3年目には文科省の「確かな学力の育成に係る実践的調査研究——学校図書館の有効な活用方法に関する調査研究」を学校としておこなうことになりました。漆谷さんは、生徒たちの発表を改善するために、いままでのスライドによる代表者の発表から、グループの一人ひとりが必ず発表するポスター発表の形式に変更

することを提案します。また、インターネット検索の制限をおこないました。こうした変更が効果を上げることで、新たな課題が見えたといいます。ここにあげていない英語の授業の教材準備、「LibraryNAVI」の作成もおこなったほかに、広報誌の発行を重視し、生徒による図書委員会活動の幅を広げることにも取り組んだそうです。

「総合的な学習の時間——人権」では、漆谷さんは担当分掌に、1枚のポスターをみんなで作り、ひとつのストーリーで、全員が最低1回は1人ずつプレゼンするというプログラムを提案しました。新しいプログラムが人権の授業の目的を押さえることができるだろうという期待と、プレゼンテーションのスライド・原稿のチェックが授業担当者にとって過重負担だったこともあり、この案はすぐに支持を得られたといいます。この年から生徒はインターネットを使わず、準備した箱詰めの資料だけを使って調査し、最新のデータなどインターネット検索が必要な場合だけ、該当データを司書が探して提供する方法に変更しました。

ポスター発表のデモンストレーションや著作権・情報のまとめ方などを事前に伝えて、実際のリサーチが始まります。図書館で実施する授業は、求める情報は必ず手に入るという図書館への信頼をつくりあげる機会なので、資料・情報の要求には徹底的に応えたそうです。また、生徒とのやりとりのなかで、どのような情報を必要としているか明確に他者に伝えることを意識させる問いかけもおこなったとのことでした。

発表はクラス別に分かれて、教室でおこないます。1人で話すのは、クラスメート数人の前でもとても緊張したようです。ただ、多くの班が作った原稿を手に持ち、発表はその原稿を読むことに終始したために、話し合いの成果が聞く側に力のある言葉として伝わっていないように感じたとのことでした。事後にとったアンケート結果からは、生徒が情報リテラシー・論理的思考力の重要

性に気がついたこと、そして、今回の発表形式の変更が情報リテラシー・論理的思考力の獲得に有効だということを理解してくれたことがうかがわれました。ただし、この方法が有効だという意見が多かったにもかかわらず、成果物の完成度や発表に関しては、低評価の者が意外に多くいました。これは、一人ひとりを発表の主体者として位置づけたため、他者の発表などを見聞きすることで相互評価が生徒間で自然におこなわれ、自己の学習の改善点を発見したのだろうと漆谷さんは考えたそうです。一人ひとりが責任を持つ発表スタイルは、授業担当者にも参観した教師にも大変好評だったとのことでした。教師が生徒たちの活動を見て、この方法が有効だと感じてくれたのは大きく、次のステップへ背中を押してくれるものとなりました。

　保健体育では、授業担当者にも情報リテラシー（読解力・段取り力・コミュニケーション力・プレゼン力）・論理的思考力の獲得の重要性について理解したうえで、授業を進めてもらいました。時期も「総合的な学習」終了後、期末試験をはさんですぐ開始するようにお願いしています。実践した授業を通して、情報リテラシー・論理的思考力の獲得の重要性や、探究型学習が生徒の「学びへの意欲をあげる」ことを、教師たちも認めてくれました。レポート学習後のアンケート結果からも、「もっとよいものを作りたかった」「友人のものを見聞すると改善点を発見できた」という感想を前回の総合学習と同様に見ることができたとのことでした。

　また、保健体育レポート作成は総合学習の授業と連続しておこなったため、生徒たちも慣れてきたせいか、プレゼンテーションも堂々と明快に話す生徒が多くなりました。保健体育の発表会では、発表者は授業担当者やクラスメートから質問されることがしばしばありましたが、しっかり答えていたそうです。総合的な学習の時間と保健体育の授業を連続して実施できたことは、経験を重ねるという点でも大変大きかったようです。

「総合的な学習の時間―人権―」ポスター発表が契機となり、教務が次年度の総合学習の見直しを図ることになりました。見直しの中心になったのは、情報リテラシー（読解力・段取り力・コミュニケーション力・プレゼン力）と論理的思考力の獲得を柱とすることで、言い換えれば、総合学習を、教科領域を超えてすべての教科の基盤として機能させる、ということでした。図書館でも日常的にさまざまな授業について、教科を超えて教師たちの間で盛んに話されるようになったそうです。このように生徒の学びや育てるべき生徒像について校内で議論が起きたことを、漆谷さんは「大変うれしかった」と述べています。何よりも教師の、予備校とは異なる「高校での学び」を大切にしたいという気持ちの表れだと考えたからでした。

4年目

　いくつかの教科で新しく探究型の授業が実施されるようになり、3年生の政治・経済、3年生の国語表現など、図書館を使った授業は年間230時間になりました。授業が重なることもたびたびあったため、時間割変更表に図書館の欄を新設して、教務で時間割を調整してもらいました。発表の改善のためのさらなる提案は、生徒の学びに効果を上げていったようです。そのことが「情報リテラシー・論理的思考力・学びの意欲の育成に関わる3年間のシラバス」作成につながり、これは学校全体としての取り組みになりました。学校司書の提案が学校の教育活動計画に影響を与えていく過程がここには見て取れます。学校司書の提案が取り上げられ、学校の教育活動計画作成に関わることができたことは、学校図書館の可能性、学校司書の活動の可能性を考えるうえで、大きな意味があります。以下、漆谷さん自身の報告を読んでみてください。

写真3 ポスター発表：2年生から1年生へ

「総合的な学習の時間—人権—」では、ポスター発表時に発表の原稿は持たないという条件を新たに加えて実施してもらった。そのためストーリーをしっかり作らなくてはならなくなり、グループ内でしっかり討議し、自分たちの言葉でよりわかりやすく伝える姿勢が明確になった。準備としては意欲を高める資料構成を心がけた。前年度のアンケートでの感想は、プレゼンテーションの出来不出来についてのものが多かったが、今年度は「今後も人権問題に積極的に取り組んでいきたい」など、人権問題の解決そのものについての感想が多かった。真剣な話し合いが行われたことで授業の目的をより達成することもできたのではないかと思う。

教員アンケートからも「プロセスにおいて十分な話し合いがなされたのだろうという印象を受けた」「人前で話すことの大切さを知ったと同時に、話を聞くことの大切さがわかったと思う」「能動的な活動であった」などのこの取り組みが

有意義であったという意見がほとんどだった。

　今回は1年生に参観させたため、2年生は上級生としてより堂々と発表しようという意識を持って発表した。1年生の感想からは「今までに何度か人権については学んできたけど、2年生が真剣に話していたので、しっかり聞くことができ、意識を深めることができました」「模造紙にたくさん書きこんであるかと思ったけど結構シンプルでびっくりしました。しかし、グラフとか表とか絵でわかりやすくなっていて、たくさんのことを言葉で説明していたのでわかりやすくてよかったです。」「来年自分たちがするときにも、しっかり伝わるポスター作成と発表をしたいと思います。」などの前向きな意見が多かった。

（略）

　前年度同様、2年生全クラスでの保健体育、探究型授業の取り組みは「総合的な学習の時間―人権―」終了3週間後から始まった。この年度は、作業工程を意識させるために教員のチェック＆アドバイスの回数の増加、内容理解を深めるためにレジュメは図示して作成することを意識することを提案して実施してもらった。

　自分が伝えたいことを図示して他者に説明することは、要約と同じで調べた内容を理解していないとできない。調査し、まとめたことを確認し、他者にわかりやすく伝える方法としても、言語を図示するのは効果的である。また総合学習で実施したように、聴く側の生徒が視覚情報（ポスターやレジュメ）と聴覚情報（発表）をあわせて、理解していくことも意図して提案した。スケジュール管理は、総合学習でも経験していることだが、回数を重ねて経験を積ませることが必要である。レポートをチェックすることで、授業者も進捗状況や方向性を確認することができるし、適切なアドバイスができ

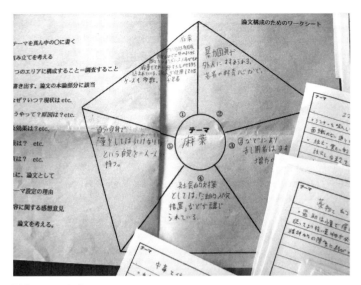

写真4 ペンタゴン

るよい機会になった。生徒は、自分のレポートへの思いや方向性を授業者にきちんと話す機会が与えられ、授業者と生徒の双方が思いを共有することができた。

前回同様、ペンタゴンを使い論文の構成を考えたが、これはテーマの決定と平行して構成を考えさせ、調査することがらをある程度しぼった状態に（問題を焦点化）していくためである。

また、ペンタゴンは本論が論理的に展開されているかどうか、序論であげた仮説に対して本論が実証となる構成になっているかどうか、などを確認するツールにもなる。調査を進めて行く途中でテーマそのものや方向性の変更が生じる生徒もいたが、学びへの意欲を落とさないために、興味の赴くままに調査・展開させることを共通理解で進めた。先に大まか

な構成をしてから書きだしていくというスタイルは、やったことがない生徒が大半だったが、事後のアンケートで「ペンタゴンを使って主張を組み立て、論理的に考える方法は有意義だった」と答えたのは7割だった。

　レポートを書き終わった後、自分のレポートの流れをふりかえるために、表紙に目次を記入する。これはレジュメに向かうための下準備でもある。レジュメの図示は、授業時間中にも先の総合学習のポスターの例や過去の成果物を使用し説明した。発表では、レジュメをきちんと書いている生徒は原稿を見ないでも発表でき、質問に答えることができていた。事後のアンケートでは、「学習が広がった」「深まった」と答えている生徒は9割であった。またこの学習方法が、上級学校で活かせると思った生徒は7割であった。

　（略）

　情報活用能力やプレゼンテーション能力は繰り返し経験させることで定着する。特定の教科・科目に限らず、さまざまな授業展開、教育活動の場面で可能である。授業者が言語活動を意識して、声かけをするだけで異なる授業スタイルになる。3年間という期間を見通して「いつ」「どの教科・科目で」「どのような関わり方をすればいいのか」を探っていく必要があると考え、「情報リテラシー・論理的思考力・学びの意欲の育成に関わる3年間のシラバス」を作成し、年度末の職員会議で報告した。

　その結果、自分の人生を見つめ、生き方を考える時間「創造の時間」が新しく時間割に一コマ設けられ、時間が不足しがちなポスター発表などの探究型学習に使えるようになった。また本校がどういう生徒を育てていくかということを検討・推進していくキャリア教育部が新しく設置された。キャリア教育部では、「総合的な学習の時間」や「創造の時間」など

の計画・実施が行われる。本校生の「生きる力」をどう育てていくかのシラバスを、年度末に報告した「情報リテラシー・論理的思考力・学びの意欲の育成に関わる3年間のシラバス」をもとにキャリア教育部が作成していくということである。[8]

5　学校司書の仕事とは

　ここで紹介した学校司書の仕事は、学校司書なら誰にでもできるかというと、そういうわけではありません。内川さんも西岡さんも漆谷さんも、実際にこのような仕事をしていますが、それには、雇用の条件や資格の有無、研修ができるかどうかがカギになっているのです。

　たとえば内川さんの場合は、豊中市の学校図書館専任職員です。採用時には司書資格を持っていることが条件になっています。勤務時間は週30時間ですが、年間を通して勤務時間を計算する年間変形労働制をとっていて、通常勤務は、月・火・木・金曜日が8時30分から16時30分、水曜日は8時30分から14時15分となっています。時間的には限りなく正規職員に近い勤務ということができます。2007年度には専任嘱託職員から任期付き短時間勤務職員になりましたが、「任期付き」の課題は多いということでした。

　西岡さんの場合は、三重県の行政職の正規職員として採用された司書で、司書資格を必要とします。漆谷さんの場合も、島根県の行政職の正規職員としての学校司書で、採用時に司書資格が必要です。高校の学校司書の場合は、比較的この形の採用が多いのですが、実習助手などの教育職で雇用されている場合もあります。しかし、このような有資格で正規職員の学校司書は、最近減ってきています。小・中学校の場合、学校司書を配置する自治体が増

えてはいますが、ほとんどが非正規職員ですし、資格を持っていることを必ずしも条件としていません。勤務も週1日の場合もあれば、巡回型といって1人が何校も回るため、1つの学校では月に1回程度しか行けない場合もあります。一口に学校司書といっても、その実際はさまざまなのです。

　本章の最初にあげた、子どもたちのいろいろな質問や本についての相談に学校司書が応えるこの仕事は、図書館用語でレファレンス・サービスといいます。図書館の分類番号や自校の資料の内容、資料がある場所を学校司書が知っているからこそ、できる仕事です。また、「授業で使う」の部分は、先生方とコミュニケーションがとれ、先生方の間で図書館や学校司書の仕事が理解され、かつ信頼されていないとできません。「授業で使う」に対して、学校図書館がおこなう活動を実現することは、正規職員・有資格者の学校司書にとっても、ハードルが高い難しい仕事です。

　内川さんの場合、この仕事を支えているのは、豊中市の司書連絡会という研修組織でした。さらに豊中市の公共図書館の支援も大きな役割を果たしています。豊中市には、公共図書館が学校図書館などの団体を支援するための団体貸出室があり、学校でよく利用される資料がテーマ別に並んでいるのです。9つある公共図書館、それぞれの学校の近くにある公共図書館が担当館として、さまざまな協力支援をしてくれます。先にあげた2009年の実践報告で、内川さんは「公共図書館の充分な支援があってこそ、調べ学習も利用教育も成り立っているのだということを改めて感じた」と言っています。この実践報告では、豊中市立岡町図書館の元図書館長、谷垣笑子さんも報告していて、その報告のなかで「学校図書館との連携から私たちも多くを学んだ」と言っています。しかし、こうした姿勢で支援をしてくれる公共図書館は決して多くはありません。

　さらに、豊中市の教育行政による施策「とよなかブックプラネ

★児童・生徒の「自ら考え解決する力」を育成する
★児童・生徒が「読書習慣」を身につける
★教員の学習指導を支援し、授業の質を高める

⇩

ふだん使いの学校図書館

図1 「とよなかブックプラネット事業」(部分)[9]

ット事業」(図1)というものがあります。これは2010年度に立ち上げられた事業で、学校図書館の役割とめざす姿が3つあげられ、それを「ふだん使いの学校図書館」と名づけています。学校図書館を、「ふだん使い」の視点でとらえることは重要であり、また、この「ふだん使い」という言葉はすてきだと思います。この事業では「人のネットワーク」「物流のネットワーク」「情報のネットワーク」の実現に向け、12年度には「学校図書館支援機能」の取り組みが始まっています。

　漆谷さんの実践報告は、公立高校の学校司書の実践では先端をいくものです。漆谷さんは、報告のなかで自分の実践について「司書がやることではなく司書教諭がやることであるという印象を持った人が多いかもしれない」と言っています。しかし彼女は続けて、学校図書館のはたらきが外から見える、外に伝える実践の重要さを訴え、「司書であれ、司書教諭であれ、学校図書館に携わった担当職員は誰でもいいから、そのはたらきが図書館の外から見える営みをこれからも続けていかなければならないと思っている」と言います。漆谷さんのように、教師とともに授業をつくる実践をおこなっている学校司書はほかにもいます。条件さえ整えば、学校司書はこういう仕事もできるのです。

注

（1）内川育子「実践報告1 "ふだん使い"の学校図書館」、学校図書館問題研究会編「がくと」第28号、学校図書館問題研究会、2012年、27―28ページ
（2）内川育子「報告 子どもの育ちや学びをともに考え、ともに支えて」、『日本図書館協会学校図書館部会第38回夏季研究集会東京大会報告集』所収、日本図書館協会学校図書館部会、2010年、51―52ページ
（3）西岡博子「泣ける本、面白い本、私にぴったりな本探して」、三重県学校図書館協議会司書部レファレンス研究会『学校図書館でしらべよう――子どもたちの"知りたい"から"総合的な学習"の支援まで』所収、三重県学校図書館協議会、2002年、11―13ページ
（4）前掲「実践報告1 "ふだん使い"の学校図書館」31―32ページ。「どうぶつのひみつクイズ大会をしよう［国語］（部分）」と「学校図書館支援表　3年生（部分）」は内川さんから直接データをいただいて掲載した。
（5）「LibraryNAVI」は「図書館利用者をナビゲートする、手のひらサイズのじゃばら折りリーフレット」です。神奈川県学校図書館員研究会県央地区B班の活動から生まれ、現在は誰でも参加できるLibraryNAVI研究会が研究開発をおこなっている。「LibraryNAVIアーカイブ」（http://librarynavi.seesaa.net/）［2017年3月10日アクセス］
（6）漆谷成子「実践報告2 つなげる・広げる・関わり合う 学校図書館」、前掲「がくと」第28号、41ページ
（7）パスファインダーは「あるテーマについて資料や情報の探し方を説明する1枚物の案内資料」のこと。この説明は堀川照代／塩谷京子編著『学習指導と学校図書館 改訂新版』（〔放送大学教材〕、放送大学教育振興会、2016年）50ページによる。
（8）前掲「実践報告2 つなげる・広げる・関わり合う 学校図書館」46―48ページ

（9）前掲「実践報告1 "ふだん使い" の学校図書館」38ページ

第2章
学校司書とは

1　学校司書とは

　2014年6月におこなわれた学校図書館法改正で、学校司書は法律に明記されることになりました。司書教諭は「置かなければならない」となっているのに対して、学校司書は「置くよう努めなければならない」となっています。また、法律に明記されたとはいっても、省令に裏付けされた学校司書資格があるわけではありません(1)。

　学校司書は、学校図書館で図書館に固有の専門的業務をおこなう職員のことです。学校図書館法では「専ら学校図書館の職務に従事する職員」と表現しています。学校図書館の司書の仕事をおこなう職員、ということもできます。都道府県、市町村などの自治体がさまざまな身分や雇用形態で配置しているので、実際の名称はさまざまです。学校司書、学校図書館司書、学校図書館指導員、学校図書館支援員、学校図書館補助員、読書指導員、学校図書館図書整理員、こどもブックライフサポーター、実習助手、事務職員、などがあります。学校司書とは、学校図書館で図書館の仕事を担当している教諭以外の人すべてをひっくるめて呼ぶ言葉なのです。すべてといっても、ボランティアや民間委託などの学校図書館スタッフは除かれます。

　学校司書というと、司書資格などの資格が必要な仕事と思われ

るかもしれません。しかし実際には、雇用の条件が自治体によってまちまちなので、資格を持たない人も大勢います。なかには学校図書館で司書にあたる仕事をおこなっていながら、自分を学校司書と自覚していないようなケースもあります。本人もまわりも支援員、補助員などの名称に引きずられているようです。

学校図書館の司書がおこなう仕事は、学校図書館法第4条に書かれている以下のようなものです。

> 第4条（学校図書館の運営）学校は、おおむね左の各号に掲げるような方法によって、学校図書館を児童又は生徒及び教員の利用に供するものとする。
> 　1　図書館資料を収集し、児童又は生徒及び教員の利用に供すること。
> 　2　図書館資料の分類排列を適切にし、及びその目録を整備すること。
> 　3　読書会、研究会、鑑賞会、映写会、資料展示会等を行うこと。
> 　4　図書館資料の利用その他学校図書館の利用に関し、児童又は生徒に対し指導を行うこと。
> 　5　他の学校の学校図書館、図書館、博物館、公民館等と緊密に連絡し、及び協力すること。
> （2項省略）

この1から5にあげられている学校図書館の具体的な仕事は、学校司書がいる学校ではほとんど学校司書の仕事となっています。学校司書がいない学校の場合、学校図書館はふだん鍵がかけられ、本も分類番号どおりに並んでいない、図書館として使うことができない状態になることが多いのです。

2014年6月の法改正まで、学校図書館法では学校図書館の仕事

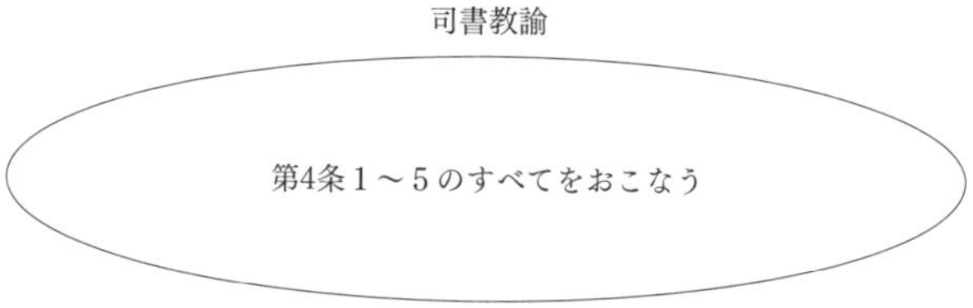

司書教諭

（第4条1〜5のすべてをおこなう）

図2　2014年6月法改正までの学校図書館法の規定

は司書教諭がやることになっていました。それまでの学校図書館法の規定を図にすると図2のようになります。

　学校司書は、戦後学校図書館ができた初期のころから存在していました。それどころか、法律上、学校図書館の司書にあたる職務をおこなうことになっている司書教諭よりも多くの人数が存在していたのです。表1は、過去におこなわれた全国的な調査から作成したものです。最近の文部科学省の調査は2年に1度おこなわれますが、過去には全国的な調査は定期的におこなわれていなかったので、調査の年が規則的ではありません。また過去の調査では、国立や私立を含まない公立の小・中・高等学校の調査が多かったので、統一するために公立の小・中・高校の数値をここでは使用しています。

　ここで改めて学校司書という言葉を図書館用語辞典などで引くと、次のように書いてあります。「学校図書館の仕事に主として従事している職員の総称」「学校図書館の仕事に携わっている事務職員を総称していう」「学校図書館の仕事を主として行っている事務職員の通称」

　学校司書が辞典や用語集でことさらに事務職員と書かれていることについては、学校司書誕生のいきさつに関わっています。1950年代前半、学校司書という言葉はアメリカの学校図書館職員、スクール・ライブラリアンの訳語として、教員資格とともに司書の資格をあわせ持つ学校図書館専任専門職員の意味合いで使

表1　公立小・中・高校の司書教諭（発令数）と学校司書の人数比較

年	1954	1960	1974	1980	1995	2002	2003	2005	2010	2016
司書教諭発令数（人）	231	211	334	312	調査項目なし	4,563	22,053校	20,970校	22,141校	22,560校
学校司書（人）	3,714	4,908	6,029	5,909	8,218	10,387	調査項目なし	1,3546	17,191	19,936

2003年以降の司書教諭発令数は学校数

われていました。学校図書館法ができたのは53年ですが、法律で使用された司書教諭という言葉も、当時は単に「司書」と書かれていたり、「教員たる司書」「教員司書」の言葉を経て「司書教諭」に変わっていきます。では、いまでいう学校司書の前身である人々は、当時何と呼ばれていたかというと、「事務員」「事務助手」だったのです。

　全国学校図書館協議会（以下、全国 SLA と略記）の機関誌「学校図書館」は、1950年9月に創刊されています。その「学校図書館」誌上に事務職員（学校司書）が初めて出てくるのは、第2号（1950年10月号）の「大阪府立高校における学校図書館の実態」(7)という記事です。大阪府立高校全日制45校を対象とする調査で、専任の事務職員を置いている学校が12校、兼任が2校で、計14校であり、全日開館（授業時間中と放課後を通じ開館）をおこなっている学校の数が専任事務員の有無に影響していると書かれています。専任事務員がいない学校のうち75％は、一部開館、授業時間中または放課後あるいは昼食時いずれか一部だけの開館である、とのことです。ここに出てくる事務職員、専任事務員というのが、のちに学校司書と呼ばれることになる学校図書館で働く人のことです。54年の文部省調査では、司書教諭231人に対して、全国で3,714人いたとなっています。

　この時期、それでは事務職員（学校司書）がいる学校では図書

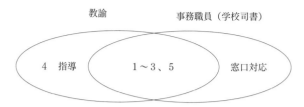

図3　1950年代の学校図書館の実態（学校司書がいる学校の場合）

館はどのような状況だったのでしょうか。当時おこなわれていた文部省の司書教諭講習で、学校図書館の仕事を学んだ教諭の数は増えていきました。一方、事務職員（学校司書）の仕事は、教諭の知り合いや卒業生が頼まれておこなうことが多かったので、司書資格などの資格を持った人はほとんどいませんでした。事務職員（学校司書）は、教諭に教わりながらこの仕事を覚えていったのです。図3は、この時期の学校図書館の実態を示しています。

つまり、指導的な側面は教諭がおこない、日常の開館業務と窓口対応は事務職員（学校司書）がおこなうという状況から、学校図書館の運営が始まりました。

2　学校司書の誕生

それでは、どうしてこの人たちが学校司書と呼ばれるようになったのでしょうか。それは、1957年の第8回全国学校図書館研究大会札幌大会（文部省、全国SLAほか3団体主催）でのことでした。この大会では、初めて学校図書館事務職員の分科会がもたれ、学校図書館事務職員が抱える身分保障の問題や研修制度の問題を、全国から参加した事務職員同士で議論することができました。そして総会で、鹿児島県から参加した高校の女性職員が彼女らの劣悪な雇用の問題について訴え、大会参加者の心をうったのです。

学校図書館事務職員を学校司書と呼ぶことが始まったのは、このときからでした。それでも57年大会では「学校図書館の専任の事務職員（学校司書）」でしたが、58年の岡山大会では、事務職員の呼び名をやめて学校司書とする「学校図書館に専任の学校司書（学校図書館に勤務する事務職員）」となったのです。

　学校図書館事務職員を学校司書と呼ぶようになったいきさつを考えると、辞典や用語集の説明は必ずしも間違いであるとはいえません。しかしながら、当時高校の学校司書に実習助手身分の学校司書が多かったこと、また用務員などの雇用で働いている人がいたことを考えると、「学校図書館の仕事に主として従事している職員の総称」が適切な説明でしょう。以上のことから、本書では1950年代の学校司書を「事務職員（学校司書）」、60年代以降の名称を「学校司書」とすることにしました。

　では、1950年代の事務職員（学校司書）は司書にあたる職務をおこなっていなかったのかというと、そんなことはありません。55年の「学校図書館」6月号の「学校図書館員の現状」に、次のような文章が出てきます。

　　最初は何らの経験も専門的知識も有せず図書館入りをした彼らは、2年3年とたつうちに、図書館運営上の大半が彼らの肩にかゝっていることを痛感し、多かれ少なかれ努力し、またその結果彼等の知識と経験は相当豊かになり、学校図書館運営上欠くべからざる存在となってきている。専任の司書教諭がいる場合は、彼等とてその職分に応じて仕事は助手的性格に変るであろう。しかし今までの彼等の活動範囲はもっと広く"学校司書"と同様の性格を帯びている。[8]

　さらに「学校図書館」1959年1月号「学校司書に誇りと自信を」では、以下のようになっています。

学校司書は、単なる図書館の事務職員ではない。レファレンスもやってのければ、担任の先生を助けて、読書指導にも一翼を担う。読書会の世話もやれば、生徒委員を指導して、宣伝広報活動にものり出す。職員会議に出席せず、学校教育のカリキュラムも知らないようでは、到底、学校司書の役目は果されない。学校司書は、学校図書館の仕事を通じて、りっぱに学校教育に参画するのである。この意気込みや、その実力なしには学校司書の仕事はつとまらない。単なる事務屋でもなければ事務助手でもない。りっぱな専門職なのである。
　私たちが、従来の「事務職員」とか、「事務助手」とかの呼称を廃して「学校司書」の名称を用いているのも、学校司書の職務というものを重視するためである(9)。

　学校司書は、学校司書と呼ばれるようになった最初のときから、学校図書館で司書にあたる職務をおこなっていた、ということができます。

3　学校司書が開拓した図書館実践

　1950年代から60年代、学校図書館は、戦後の新教育には学校図書館が重要だと考える全国の先生たちによってつくられていきました。図書資料を活用した授業の試みもおこなわれていました。図書館狂と呼ばれ、そのように自称した先生たちが熱心に学校図書館づくり運動に取り組んだ時期でした。しかし70年代に入ると、状況は一変します。一般の先生の図書館離れとでもいうべき現象が起きてくるのです。一方、60年代、70年代を通じておこなわれた学校司書の公費による雇用を実現する運動によって、

70年代、高校の学校司書の配置率は約70％となり、全国約50％の高校に公費雇用で有資格の学校司書が置かれるまでになりました。こうして、70年代、学校図書館は先生の手から離れ、その業務は学校司書に委ねられていくことになります。この現象は、小・中学校に比べて制度的な整備が進んでいた高校の学校司書を中心に現れてきます。

学校司書の図書館実践については、第4章「高校の学校司書」、第5章「小・中学校の学校司書」で詳しく扱いますが、ここでは大まかな流れを説明します。高校の学校司書の実践でまず目につくのが、レファレンス・サービスです。レファレンス・サービスは図書館用語ですが、利用者から寄せられるさまざまな質問に対して、図書館員が直接回答にあたる情報を提供したり、その情報が載っている資料を紹介・提供するサービスのことです。司書がおこなう図書館サービスでは大変重要なものですが、実は一般にはあまり知られていません。しかも1950年代から70年代にかけての学校図書館では、この仕事は教諭がおこなうものとされていました。ただ、図3でも示したように、図書館に来る利用者に対しての窓口対応は、図書館に常駐する事務職員（学校司書）がおこなっていました。

学校司書のレファレンス・サービスについての記事は、1960年、64年の「学校図書館」誌に掲載されています。70年代に入ると、レファレンス・サービスをきっかけに教科と連携した活動を報告する記事が現れます。80年代では、それまで雑誌などの記事でしか出ていなかった学校司書の実践が、書籍にまとめられるようになりました。『教育としての学校図書館』『学校司書の教育実践』『図書館よ、ひらけ！』などです。

レファレンス・サービスも、学校図書館と教科が連携しておこなう活動についても、学校司書だけがおこなっていたわけではなく、この時期に図書館専任の司書教諭制度を実現していた東京都

第2章　学校司書とは　　45

図4　1980、90年代の学校図書館の実態（正規職員、正規職員に近い学校司書がいる場合）

立高校の司書教諭も活発に活動していました。ただ教諭ではない学校司書が、こうした教育指導的領域で活動を始めたことは、注目すべきことでした。それまで、教諭として学校図書館を活用する、図書館資料を活用する授業の報告はあっても、図書館や図書館資料を活用する授業に対して、図書館として何をしなければならないかを示す実践はありませんでした。図4は、この時期の学校図書館の実態を示しています。司書教諭の発令はほとんどおこなわれていなかったので、この図の「教諭」は、校務分掌で図書館の仕事を担当することになっている図書主任、図書係教諭といった人たちです。

　この後、学校司書の実践は教科学習との連携に加えて、予約制度の導入、貸出や図書館サービスを重視する学校図書館づくりへと変わっていきます。学校図書館とは何か、学校図書館が図書館であるとはどういうことかを追求する実践が増えていくのです。そうした実践の結果として実現した、生き生きと使われる学校図書館の姿は、教科を担当する先生に授業で使ってみようかと思わせるような効果がありました。たとえば1995年の「がくと」第11号に次のような文章があります。

　　教職10年目にして初めて転勤し、やって来た東寝屋川高校の図書館は、私が抱いてきた学校図書館のイメージを180

度転換させる驚きの図書館でした。レイアウトが派手。生徒が四六時中出入りしていてにぎやか。お勉強用や堅い文学以外の本が一杯あって、しかもバラエティに富み、充実している。1冊の本を囲んでワアワア盛りあがっている一団と、傍らで黙々と勉強する生徒が共存している……etc。

　司書室常駐となり、図書館の隣で暮らし始めてみると、「ここの図書館の活気（やって来る生徒、貸出される本の数、交される会話）はタダものではない」という思いを強くすることになりました。

　そんな中、2学期の文化祭も終わった9月半ばに、同じ現代社会を担当しているN先生から、「《世界の諸地域と文化》のところで、生徒に発表をやらせてみませんか」とお誘いを受けました。（略）しかしN先生の言葉は魅力的で、「一ぺん発表授業とやらをやってみようか」とあっさり決めてしまったのでした。考えてみると、私に発表授業を決心させた要因はいくつかありました。

ⅰ）生徒にとって図書館が割合身近なものとなっている。（図書館に来る生徒が多い）

ⅱ）図書館の本の品揃えが豊富。（文学関係だけでなく、歴史、産業、文化、生活関係の本が多い。）

ⅲ）1学期に現代社会の別の単元でS先生がすでに発表をさせている。（授業を見学に行って発表する生徒の様子を既に見ていた。）

といったことが挙げられます。[13]

　残念なことに大阪府立高校では、学校図書館の仕事だけを専任でおこなう学校司書（実習助手）が、2009年に当時の橋下徹府知事の行政改革によっていなくなってしまいました。いまでは府立高校全体の2割にあたる24校で、昼休みや放課後の利用が制限さ

れているということです。ですから、ここで紹介した文章は、も
はや過去のことなのです。

　一方、小・中学校の司書の場合は、1966年に広報活動につい
ての記事（新潟市小学校司書の会、「学校図書館」1966年1月号）が
見受けられるものの、76年まで小・中学校司書が書いた記事は
見当たりません。76年11月号にレファレンス・サービスについ
ての記事（山梨県町立小学校司書）、12月号に絵本と中学生につい
ての記事（新潟市立中学校司書）、80年8月号に地域と結び付いた
親子読書会の記事（岡山市立中学校司書）があるといった程度で
す。

　ブックトークは、いまでこそ出版されている本も多く、その実
践も広がっていますが、当初は「学校図書館」誌が何度紹介して
も、なかなか学校に広まるということはありませんでした。たと
えば、1974年9月号の「学校図書館」は「ブックトーク」の特集
を組んでいて、ブックトークの意義や方法、実例を紹介すると同
時に、対談記事「学校ではブックトークがなぜ行なわれないか」
を掲載するほどでした。ところが、84年9月号特集「ブックトー
クをやってみませんか」になると、状況が変わります。国語科で
取り入れた事例や図書委員がおこなうブックトークの事例と並
んで、岡山市立中学校司書（永島倫子）がその実践を報告してい
ます。岡山市立小・中学校司書による『ブックトーク入門』が発行
されたのはその2年後のことでした。

　学校図書館が教科と連携して使われる際に、学校司書がガイダ
ンスをおこなう、あるいは機会を見つけてブックトークをおこな
うことは、いままでの学校司書のイメージを変えることにつなが
りました。学校司書は直接生徒の前に立って、図書館の仕組みや
各種資料の使い方、本の楽しさを伝える存在になったのです。図
書館の立場から教科の授業に対して何をおこなうのか、また図書
館の立場からおこなうブックトークの意義とは何か、そして、利

用される学校図書館を実現するうえで、図書館サービスの担い手として学校司書はどうあるべきかを、具体的な実践を積み重ねることで明らかにしようとしたのです。

4　学校司書の職務をめぐって

　先にあげた表1では、司書教諭の発令数が2003年から激増しています。前年の4,563人と比べて4.8倍も増えています。これは1997年におこなわれた学校図書館法の改正で、全国の12学級以上の小・中・高校に、2003年3月末日までに司書教諭を発令しなければならない、とされたからでした。司書教諭の発令は、03年1月の文科省通知によって、「教諭が担当する校務分掌の一つとして[22]」おこなわれます。発令は、教育委員会がおこなう場合と学校長がおこなう場合とがあります。こうして、法改正がおこなわれた97年から04年まで、学校司書にとっては冬の時代となりました。

　学校図書館法改正後の1999年、文部省（当時）は「学校図書館ボランティア活用実践研究指定校事業」という新規事業を始めます。学校図書館ボランティアの活用が始まったのです。同じく99年発行のパンフレット「変わる学校図書館 PART3」の1ページ目の見出しは「ボランティアが活躍する学校図書館[23]」となっています。さらに学校図書館ボランティア活動のイメージとして、学校図書館は司書教諭と学校図書館ボランティアとで運営するという学校司書不在の図まで載せていました。文部省は、学校司書の存在を知りながらいないふりをすることにしたのです（図5を参照）。

　このことは2002年度から再開された「学校図書館の現状に関する調査」でも同様でした。この時期、司書教諭の発令状況に関

図5　1997年法改正後の文部省の考え方
(出典:1999年文部省パンフレット「変わる学校図書館──自ら学ぶ意欲と力量を育むために」PART3、文部省初等中等教育局、1999年)

する調査はおこなわれても、学校司書に関する調査がおこなわれることはありませんでした。学校司書(学校図書館担当職員)の調査をおこなうようになるのは、05年度からのことです。学校司書が冬の時代に入ったというのは、文部科学省にその存在を無視されたというだけではありません。03年に司書教諭が発令配置されたことを口実に、それまで学校司書を雇用していた自治体が雇用をやめるということも起きたからです。それでも、全国的には学校司書の数は増え続けました。学校図書館が図書館として機能するためには、司書教諭の発令だけでは不十分で、学校司書の存在は不可欠だったのです。

　学校図書館法が改正された1997年当時、文部省は学校司書のことを「学校図書館を担当する事務職員」と言い続けてきました。とはいえ、図書館サービスの担い手であることは認めていました。2005年におこなわれた「学校図書館の現状に関する調査」から学校図書館担当職員(学校司書)の項目が加わりましたが、文部科学省(2001年に名称変更)の説明では、「「学校図書館担当職員」とは、学校図書館資料の発注、帳簿記入、分類作業、修理・製本、経理、図書の貸出・返却の事務等に当たる職員をいい、教諭やボランティアを除く」[24]となっていました。

　2009年3月、文部科学省子どもの読書サポーターズ会議の報告

『これからの学校図書館の活用の在り方等について（報告）』が出されました。この報告が学校司書にとって画期的だったのは、「学校司書」の言葉が、文科省の公式の報告書のなかで使われたことと、学校図書館の司書の仕事が学校司書の仕事であると明記されたことです。次のように書かれています。

○　更に、学校図書館の業務の専門性を考え合わせると、専門的な知識・技能を有する担当職員である、いわゆる「学校司書」の役割が重要となる。学校図書館担当職員については、現在、その職務内容の実態等は様々となっているが、「学校司書」として、図書の貸出、返却、目録の作成等の実務のほか、資料の選択・収集や、図書の紹介、レファレンスへの対応、図書館利用のガイダンスなど、専門性を求められる業務において大きな役割を担っている例が少なくない。[25]

また、この報告書には最後に別紙2として「学校図書館の専門スタッフとボランティアの役割分担例〔改訂〕」の図がついていて、司書教諭、学校司書、ボランティアが果たすべき役割が示されています。この図では、いちばん上の欄に司書教諭と学校司書、それぞれの仕事を簡単に説明する言葉が添えられています。それは次のようになっています。

司書教諭
・学校図書館の運営に関する総括
・学校図書館を活用した教育活動の企画・指導の実施、教育課程の編成・展開に関する他教員への助言等
学校司書〜専門的な知識・経験を有する学校図書館担当事務職員〜
・学校図書館の運営に係る専門的・技術的業務、実務

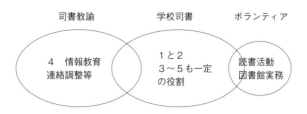

図6　2009年子どもの読書サポーターズ会議報告書の考え方
(出典:「学校図書館の専門スタッフとボランティアの役割分担例 改訂」〔子どもの読書サポーターズ会議『これからの学校図書館の活用の在り方等について（報告）』別紙2、文部科学省、2009年〕から作成)

・学校図書館を活用した教育活動への協力・参画(26)

　この2009年の報告書では、学校司書が学校図書館の事務の仕事をするというよりも、学校図書館の司書の仕事をすると書かれていることがわかります。同時に司書教諭は、司書の仕事をするというよりは、運営に関する総括、教育活動の企画・指導の実施、ほかの教員への助言などにあたるとなっています。このように、学校図書館の司書の仕事は、学校司書がおこなうことになったのです。別紙2の役割分担例の図をもっと簡単に示すと図6のようになります。

　この報告書の影響によるものかどうかわかりませんが、文科省の2010年度「学校図書館の現状に関する調査」では、それまでの学校図書館担当職員の説明（「学校図書館資料の発注、帳簿記入、分類作業、修理・製本、経理、図書の貸出・返却の事務等に当たる職員」）が削除されています。12年度「学校図書館の現状に関する調査」になると、「学校図書館担当職員（いわゆる「学校司書」）」となり、説明も「本調査における学校図書館担当職員とは、専ら学校図書館に関する業務を行う職員をいい、教員を除いています。また、ボランティア（無償で活動を行う者）についても除いてい

ます」と変化しています。

　2011年12月、学校司書配置を含む12年度予算案計上が閣議決定されました。「厳しい財政状況の中、学校図書館担当職員を配置する学校は近年一貫して増加、その必要性が強く認識され始めている」として、約150億円の地方財政措置がなされたのです。学校司書配置のための予算措置がおこなわれたのは初めてのことで、この予算措置は13年度以降も継続しています。そして12年からは学校司書法制化の動きが聞かれるようになり、13年6月12日、「子どもの未来を考える議員連盟」総会の席で衆議院法制局による「学校図書館法の一部を改正する法律案（仮称）骨子案」が示され、具体化することになりました。それに伴い、8月9日、文科省「学校図書館担当職員の役割及びその資質の向上に関する調査研究協力者会議」がスタートしました。14年3月31日、調査研究協力者会議は『学校図書館担当職員の役割・職務及びその資質能力の向上方策等について（報告）』を公表しました。この報告書で、学校司書（本文では学校図書館担当職員）の職務は、次のようになっています。学校図書館の司書の仕事に「教育指導への支援」が含まれることが明確に示されました。

　①「間接的支援」に関する職務
　　図書館資料の管理　施設・設備の整備　学校図書館の運営
　②「直接的支援」に関する職務
　　館内閲覧　館外貸出　ガイダンス　情報サービス　読書推進活動
　③「教育指導への支援」に関する職務
　　教科等の指導に関する支援　特別活動の指導に関する支援　情報活用能力の育成に関する支援

5　学校図書館法の改正とその後の動き

　学校司書の法制化を目的とする学校図書館法の改正の動きが出てきたのは、2011年6月の子どもの未来を考える議員連盟、文字・活字文化推進機構、学校図書館整備推進会議による学校図書館活性化協議会の設立が契機となっています。翌12年7月に、同協議会は役員会を開催、学校図書館法改正の取り組みについて協議をおこないました。このことが新聞で報道され、学校司書法制化をめぐって学校図書館関係団体の動きがにわかに活発になっていきます。

　2013年6月、子どもの未来を考える議員連盟総会で、衆議院法制局による「学校図書館法の一部を改正する法律案（仮称）骨子案」が示されました。この骨子案に対して、さまざまな学校図書館関係団体から要望書が出されました。14年4月、学校図書館議員連盟が設立され、5月には議員連盟の実務者協議会による関係団体のヒアリングがおこなわれます。6月、「学校図書館法の一部を改正する法律案」が各党に提示され、6月13日に衆議院本会議、6月20日に参議院本会議で可決・成立しました。改正された法律は以下のとおりです。

　　法律第93号（平26・6・27）
　　◎学校図書館法の一部を改正する法律
　　学校図書館法（昭和28年法律第185号）の一部を次のように改正する。
　　第7条中「国は」の下に「、第6条第2項に規定するもののほか」を加え、「左の」を「次の」に改め、同条第3号中「前各号」を「前2号」に、「外」を「ほか」に改め、同条を第8条

とする。
第6条を第7条とし、第5条の次に次の1条を加える。
（学校司書）
第6条 学校には、前条第1項の司書教諭のほか、学校図書館の運営の改善及び向上を図り、児童又は生徒及び教員による学校図書館の利用の一層の促進に資するため、専ら学校図書館の職務に従事する職員（次項において「学校司書」という。）を置くよう努めなければならない。
2　国及び地方公共団体は、学校司書の資質の向上を図るため、研修の実施その他の必要な措置を講ずるよう努めなければならない。
附　則
（施行期日）
1　この法律は、平成27年4月1日から施行する。
（検討）
2　国は、学校司書（この法律による改正後の学校図書館法（以下この項において「新法」という。）第6条第1項に規定する学校司書をいう。以下この項において同じ。）の職務の内容が専門的知識及び技能を必要とするものであることに鑑み、この法律の施行後速やかに、新法の施行の状況等を勘案し、学校司書としての資格の在り方、その養成の在り方等について検討を行い、その結果に基づいて必要な措置を講ずるものとする。[29]

　この法律は骨子案と比較すると、新設された第6条に「学校図書館の運営の改善及び向上を図り」との文言が入り、また附則2項として学校司書の資格のあり方、養成のあり方などについての検討と必要な措置を講じるものとするという条項が新たに加えられています。この変更は、衆議院文部科学委員会で発議者の笠浩史議員（民主党）から、「関係団体の多くから学校図書館の専門

性に関する御意見をいただいたことから、(略)専門性に十分配慮した内容としたところでございます」という説明がおこなわれています。また衆議院文部科学委員会（6月11日）で6項目の附帯決議、参議院文教科学委員会（6月19日）で7項目の附帯決議がおこなわれました。2014年7月、日本図書館協会は「学校図書館法の一部を改正する法律について（見解及び要望）」を公表しました。

附則2項によって今後の検討課題となった学校司書の資格・養成のあり方などについては、「法律の施行後速やかに」検討されるものと思われていました。しかし、2015年8月、第1回会議が開催された「学校図書館の整備充実に関する調査研究協力者会議」は、提示された論点（6点）の多さや、論点のなかに「民間のノウハウの活用」が入っていることなどから、この会議ははたして学校司書の資格・養成のあり方などについて検討するのだろうか、との疑念を抱かせるものでした。それでも16年5月の第5回会議で「学校司書の資格・養成等に関する作業部会」の設置を決め、学校司書の資格・養成などについて本格的な検討に入ることになりました。作業部会は16年6月から8月にかけて3回おこなわれました。調査研究協力者会議は10月13日の第8回をもって最終会議とし、10月20日に『これからの学校図書館の整備充実について（報告）』が公表されました。この報告は、学校図書館ガイドラインと学校司書のモデルカリキュラムを作成し、提示するものでした。

6　学校司書の配置状況

法律で制定されているわけではないのに、しかも自治体の財政状況が厳しいなかで、学校司書はその数を増やし続けてきました。そしていまや不十分ながら国の予算措置もされ、自治体が学校に

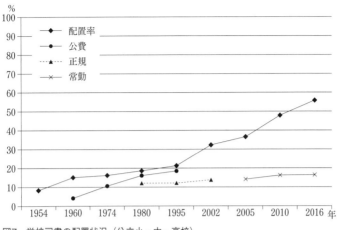
図7　学校司書の配置状況（公立小・中・高校）

置くべき職員という存在になりつつあります。しかし、同時に問題も出てきています。まず、増えているといっても、非正規職員の学校司書が増えていることです。また民間委託や派遣という雇用形態も現れました。法律の規定がないために、正規・非正規にかかわらず、自治体ごとにさまざまな雇用になっているのが実情です。

　図7は公立の小・中・高校の学校司書の配置状況を示しています。この図を作るために参考とした調査[32]から、公立の小・中・高校の数値を使用しています。

　学校司書の配置状況が、全国公立小・中・高校の半分を超えたのは2012年調査からです。採用形態には公費、正規、常勤の別があります。「公費」は公費で雇用されているという意味です。学校司書が置かれるようになった1950年代は、学校ごとに保護者から集めているPTA費や図書費などといった私費で雇用されている人がほとんどでした。60年代に入って全国的に学校司書の公費雇用を求める運動が起きたこともあって、60年と74年の

調査では、調査の項目が公費・私費別になっています。80年の調査では公費・私費の別に加えて正規職員・非正規職員の項目が加わります。95年の調査も同様です。2002年の調査では公費・私費の項目がなくなり、正規職員・非正規職員の項目だけになります。05年から、文科省の「学校図書館の現状に関する調査」は、常勤職員・非常勤職員の項目になっています。またそれぞれの調査では、公費・正規・常勤の割合は通常、学校司書の総数に対する割合が結果として示されていますが、この図7では該当する学校司書の総数をさらに学校数で割るという操作をおこないました。

図7からは、全国の公立小・中・高校の学校司書の配置状況と雇用状況の推移がわかります。配置率が1995年以降上昇しています。配置率の上昇に比べて、正規・常勤職員率はそれほど上がっていません。非正規・非常勤職員の割合が増えているのです。

小・中学校と高校では学校数が大きく異なります。2016年調査で見ると公立小学校1万9,647校、公立中学校9,442校、公立高校3,512校です。小・中学校と高校では、学校司書の配置状況に関して全く異なる道をたどってきました。図8は公立高校の学校司書の配置状況を示したものです。

図8では、もともと高校の学校司書の配置率が高かったこと、1960年の調査の時点で学校司書の配置率が60％を超えていたことがわかります。また、60年から80年にかけて公費雇用も実現しています。配置率、正規・常勤職員率とも、先にあげた小・中・高校全体（図7を参照）と比べて高い数値を示していることがわかります。これは小・中学校の図書館との大きな違いとなっています。

ここで気がつくのは、2002年をピークに配置率、正規・常勤職員率ともに下降していることです。配置率は1960年の調査の数値に迫ろうとしています。各地で学校司書の新採用試験がおこ

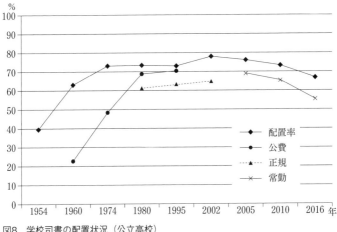

図8 学校司書の配置状況（公立高校）

なわれなくなり、退職者の補充を臨時職員などでまかなうなど、高校でも学校司書の非正規職員化が進行しています。学校数が多い東京都立高校は11年度から学校司書の民間委託を導入、また大阪府は09年度から実習助手身分の学校司書の図書館専任を廃止しました。高校から、正規職員の学校司書がいなくなる事態が起きているのです。

　高校の正規職員の学校司書は大別すると、行政職身分、実習助手身分、その他の職（現業職など）の学校司書に分かれます。行政職身分の場合は、学校司書として有資格者を採用し人事異動も司書同士でおこなう、いわゆる学校司書制度がある自治体と、行政職と学校司書を人事異動のたびに行き来する、または行政職員が兼任するなど、学校司書制度がない自治体とに分かれます。実習助手身分の場合は、普通科の高校では、理科の実習助手だけが法的な根拠がある職となっていて、学校司書や家庭科、教務などの助手には法制度上の根拠がありません。こうした法制度上の根拠を持たない実習助手身分の職員を定数削減の対象にしたのが大

阪府です。また実習助手身分は教育職となっている関係で、文科省「学校図書館の現状に関する調査」に対して学校図書館担当職員とカウントしない判断をする自治体もあって、実際の数がつかみにくくなっています。

　有資格者の割合については、調査がおこなわれた年とおこなわれなかった年があること、調査によって対象とする資格（司書教諭・司書・司書補など）が異なることがあるため、図7・8からは除いています。学校司書の有資格者の調査は1995年を最後におこなわれていませんでしたが、2012年の文部科学省「学校図書館の現状に関する調査」では、学校司書の有資格者を調べる項目が新たに加えられています。これは、実に17年ぶりの調査でした。その結果わかったのは、それまでおこなわれた調査では、有資格者率の数値が正規・常勤職員率とほぼ近接していたのが、この調査ではそれを大幅に上回ったことです。非正規・非常勤職員ではあるけれども資格を問われる、そうした雇用形態に変わったのです。同時に資格がない非常勤職員が増えていることも忘れてはなりません。

7　学校司書が抱える問題

　このように学校司書の総数は調査のたびに増えていますが、小・中・高校全体で、学校司書の非正規職員化、民間委託、指定管理者などからの派遣スタッフ化が進行しています。民間委託や派遣スタッフの学校司書は、学校図書館でおこなう仕事が契約で定められていて、開館時間や日数が増えることがあっても、学校図書館のさまざまな仕事に対応しきれない問題があります。生徒のマナー違反を注意できない、オリエンテーションなどの利用指導ができない、あるいは生徒図書委員会と関わることが制約され

る場合があるそうです。民間委託になった学校で生徒図書委員会が廃止・縮小されることも起きていると聞きます。また、授業で学校図書館を使ってもらうためには、先生との日常的な会話から具体的な授業支援の案が生まれ、情報提供・資料提供につながっていくケースがあるのですが、それも難しいのです。そうなると、学校図書館活動の内容が制約され、狭められてしまいます。学校図書館活動のためには、学校司書が学校の教職員の一員であるという位置づけが必要なのです。

　また小・中学校で新たに学校司書を採用する場合でも、資格を問わない採用が多くあります。いままで人が配置されていなかった学校図書館に、人がいるというだけで学校図書館は変わります。日常的に開館できる、図書館がきれいになる、展示・掲示が充実する、などです。読み聞かせもできます。しかし、その先の学校図書館の活動を考えると、不安が残ります。公的な研修や自主研修である程度カバーされるとしても、学校図書館での図書館づくり、日常的なレファレンス・サービス、読書支援、授業支援には最低限の資格が必要です。

　学校図書館ボランティアの問題もあります。学校図書館ボランティアの活用は、1999年に文部省の新規事業として始まり、小・中学校を中心に全国に広がりました。文科省の最新の調査では、ボランティアを活用している学校の割合は、小学校で81.4％、中学校で30.0％になっています。ちなみに高校の場合は2.8％です。ボランティアの活動は、どちらかというと読み聞かせなど読書活動支援の割合が高いのですが、貸出・返却や展示・掲示などの図書館業務に関わる活動もあります。そして、近年目につくのが有償ボランティアという形です。有償ボランティアとは、言葉のうえでそもそも矛盾していますが、非正規職員の学校司書の雇用形態の一つになってきています。

　先にあげた文部科学省子どもの読書サポーターズ会議最終報告

(2009年)の「学校図書館の専門スタッフとボランティアの役割分担例」の図では、司書教諭、学校司書、ボランティアを分けています。ボランティアは、さらに図書館ボランティアと読書ボランティアに分けられ、図書館ボランティアは「図書館業務(実務)の補助」、読書ボランティアは「学校における読書活動への協力」の説明書きがついています。有償ボランティアの仕事は、この図書館ボランティア「図書館業務(実務)の補助」と重なります。そして文部科学省の2012年度「学校図書館の現状に関する調査」に、「学校図書館担当職員(いわゆる学校司書)の配置状況」の説明として「本調査における学校図書館担当職員とは、専ら学校図書館に関する業務を行う職員をいい、教員を除いています。また、ボランティア(無償で活動を行う者)についても除いています」という内容の文があります。それでは、有償で活動するボランティアの場合はどうなるのでしょうか。

加えて、1人が2校、3校を兼任する場合や数校あるいは10校近くを巡回する場合があります。せっかく学校司書が配置されても2校兼務だと、たとえば月・水・金は中学校、火・木は小学校の勤務となり、レファレンスの対応や学校図書館にない本の提供に苦労することになります。学校図書館問題研究会発行の「学図研ニュース」2012年12月号には、「私たちに明日はない」のタイトルで富山県富山市の学校司書が次のように書いています。

> 月曜日に依頼された本を手渡せるのは水曜日。木曜日に相談を受けたことに答えられるのは来週の火曜日。迅速にニーズに応えたいと思っても立ちはだかる兼務の壁。(略)少しでも早く本を手渡したいと思うのはどの司書にも共通する気持ちであろう。公共図書館との物流体制も整っておらず、勢い勤務外時間を使って資料を集めたり、運んだりしてしまう。
> また、少し余裕のある資料提供の時も、「今、打ち合わせ

をしないと、次は5日後！」と先生をつかまえて本の話をするが、先生の方は「明日」のことで頭がいっぱい。「そんな幾日も先のことを話されても……。」とちょっと腰が引けている。

　私の焦った気持ちは空回り。
　私たち、兼務司書に明日はない。(36)

　学校図書館が、日常的に開館して使える状況になる、さらにいろいろな授業でも使用されて、子どもたちの学びの場・活動の場になるためには、学校司書の存在は不可欠です。その学校司書は、図書館の仕事だけをし（専任）、専門資格を持ち（専門）、安定的な雇用のもとで働く（正規）ことが必要です。「専任・専門・正規」の職員制度となることが求められています。

注

（1）2016年10月20日に公表された『これからの学校図書館の整備充実について（報告）』（〔http://www.mext.go.jp/component/b_menu/shingi/toushin/__icsFiles/afieldfile/2016/10/20/1378460_02_2.pdf〕［2017年3月10日アクセス］）で、学校司書資格のモデルカリキュラムが示された。司書資格・司書教諭資格ともに文部科学省令で定められていることと比較すると、現時点では学校司書資格はモデルカリキュラムを示されただけで、省令による裏付けがある資格になっていない。
（2）学校図書館の調査には、全国SLAが毎年おこなっている学校図書館調査があるが、この調査は全国の小学校、中学校、高校の3％を無作為に抽出しておこなわれるもので、また回収率も高くない。本書では、文部省・文科省の調査と全国SLAによる全国悉皆調査を使用した。
（3）調査の詳細は以下のとおりである。

1954年　文部省調査局統計課による調査　水村博昭「学校図書館調査の解説」「学校図書館」1955年10月号、全国学校図書館協議会、31（司書教諭、ただし発令されているとの記述はない）、34―35ページ（図書係事務職員）

1960年　全国SLA全国悉皆調査（回収率69.2％）　図書館職員委員会「学校図書館職員調査について」「学校図書館」1960年11月号、全国学校図書館協議会、27（司書教諭発令者数）、32ページ（学校司書）

1974年　全国SLA全国悉皆調査（回収率71.5％）「司書教諭　有資格者は約15,000名　学校司書　兼務含めて約8,100名」「学校図書館速報版」1974年12月25日号、全国学校図書館協議会、3（司書教諭発令者数）、4ページ（学校司書）。なお見出しの学校司書約8,100人は推定値との記述があり、ここでは調査の実数を使用した。

1980年　全国SLA全国悉皆調査（回収率　小学校75.3％、中学校71.4％、高校79.3％）　全国学校図書館協議会編『学校図書館白書――子どもの読書と学校図書館の現状と課題』全国学校図書館協議会、1983年、44（司書教諭発令者数）、193、200、208ページ（学校司書）

1995年　文部省委嘱学校図書館及び読書指導に関する調査（調査実施＝全国SLA　回収率96.6％）「資料 文部省委嘱 学校図書館及び読書指導に関する調査」「学校図書館」1995年12月号、全国学校図書館協議会、45ページ（学校司書）。実数の記載がないため、配置率から算出した。

2002年　全国SLA全国悉皆調査（回収率　小学校82.1％、中学校76.3％、高校75.0％）　森田盛行「学校図書館調査（全国悉皆）報告〔含 資料〕」「学校図書館」2004年3月号、全国学校図書館協議会、42（司書教諭発令者数）、43ページ（学校司書）。02年調査は、公立学校だけの集計となっていないため、全国の国立・公立・私立の小・中・高等学校の合計数を使用した。

2003年　文部科学省『学校図書館の現状に関する調査結果について（平成15年度調査；平成16年2月発表）』(http://warp.da.ndl.

go.jp/info:ndljp/pid/286184/www.mext.go.jp/b_menu/houdou/16/02/04022501/001.htm）［2016年12月2日アクセス］（司書教諭発令校数）

2005年　文部科学省「司書教諭の発令状況（国立・公立・私立）」『学校図書館の現状に関する調査結果について（平成17年度調査；平成18年4月発表）』（http://warp.da.ndl.go.jp/info:ndljp/pid/286184/www.mext.go.jp/b_menu/houdou/18/04/06042518/001.htm）［2016年12月2日アクセス］（司書教諭発令校数）。05年の司書教諭発令校数には、中等教育学校の数も加えている。

「学校図書館担当職員の状況」、同報告書（http://warp.da.ndl.go.jp/info:ndljp/pid/286184/www.mext.go.jp/b_menu/houdou/18/04/06042518/002.htm）［2016年12月2日アクセス］（学校図書館担当職員）

2010年　文部科学省『平成22年度「学校図書館の現状に関する調査」の結果について』（http://www.mext.go.jp/b_menu/houdou/23/06/__icsFiles/afieldfile/2011/06/02/1306743_01.pdf）［2016年12月2日アクセス］。10年の司書教諭発令校数には、中等教育学校の数も加えている。

2016年　前掲『平成28年度「学校図書館の現状に関する調査」の結果について』。16年の司書教諭発令校数には、義務教育学校、中等教育学校の数も加えている。学校司書数も16年度から小学校・中学校・高校以外のデータが示されるようになったので、義務教育学校、中等教育学校の数も加えている。

（4）図書館用語辞典編集委員会編『最新図書館用語大辞典』柏書房、2004年

（5）日本図書館協会用語委員会編『図書館用語集 4訂版』日本図書館協会、2013年

（6）日本図書館情報学会用語辞典編集委員会編『図書館情報学用語辞典 第4版』丸善出版、2013年

（7）朝日嘉蔵「大阪府立高校における学校図書館の実態」「学校図書館」1950年10月号、全国学校図書館協議会、25―31ページ

（8）田辺久之「学校図書館員の現状」「学校図書館」1955年6月号、

全国学校図書館協議会、52ページ
（9）松尾弥太郎「学校司書に誇りと自信を」「学校図書館」1959年1月号、全国学校図書館協議会、9―10ページ
（10）塩見昇『教育としての学校図書館――学ぶことの喜びと読む自由の保障のために』（青木教育叢書）、青木書店、1983年
（11）塩見昇／土居陽子『学校司書の教育実践』（青木教育叢書）、青木書店、1988年
（12）神奈川県高等学校教職員組合図書館教育小委員会編著『図書館よ、ひらけ！――授業いきいき学校図書館』公人社、1990年
（13）小倉久子／山本真由美「実践報告2 教師の苦労、司書の満足、生徒の不幸?!――「教科との連携」その幻想と現実」、学校図書館問題研究会編「がくと」第11号、学校図書館問題研究会、1995年、26―27ページ
（14）「大阪府立高校「開かずの図書館」2割 橋下改革専任司書全廃」「毎日新聞」2014年9月22日付大阪版、29面
（15）新潟市小学校司書の会「小学校における広報活動――学校司書の会における研究」「学校図書館」1966年1月号、全国学校図書館協議会、35―38ページ
（16）松上真佐美「"何かおもしろい本ない?"のこどもたちと図書館」「学校図書館」1976年11月号、全国学校図書館協議会、29―31ページ
（17）五十嵐キミイ「絵本と中学生」「学校図書館」1976年12月号、全国学校図書館協議会、38―41ページ
（18）永島倫子「さそいあわせてみんなできてね――岡山市・妹尾公民館親子読書クラブ」「学校図書館」1980年8月号、全国学校図書館協議会、35―37ページ
（19）芦谷清／今村秀夫「学校ではブックトークがなぜ行なわれないか」「学校図書館」1974年9月号、全国学校図書館協議会
（20）「特集 ブックトークをやってみませんか」「学校図書館」1984年9月号、全国学校図書館協議会
（21）岡山市学校図書館問題研究会編『ブックトーク入門――子どもが本を好きになるために』（「みんなの図書館双書」第1巻）、教

育史料出版会、1986年
(22) 文部科学省初等中等教育局児童生徒課「学校図書館司書教諭の発令について」2003年1月21日（http://www.mext.go.jp/b_menu/hakusho/nc/t20030121001/t20030121001.html）［2016年12月9日 アクセス］
(23) 「変わる学校図書館──自ら学ぶ意欲と力量を育むためにPART3」文部省初等中等教育局、1999年、1ページ
(24) 「Ⅰ─2 学校図書館担当職員の状況［平成17年5月現在］」（http://warp.da.ndl.go.jp/info:ndljp/pid/286184/www.mext.go.jp/b_menu/houdou/18/04/06042518/002.htm）［2016年12月9日 アクセス］)
(25) 子どもの読書サポーターズ会議『これからの学校図書館の活用の在り方等について（報告）』2009年3月、18ページ（http://www.mext.go.jp/a_menu/shotou/dokusho/meeting/__icsFiles/afieldfile/2009/05/08/1236373_1.pdf）［2016年12月9日アクセス］
(26) 「学校図書館の専門スタッフとボランティアの役割分担例〔改訂〕」、同報告書巻末別紙2
(27) 文部科学省『平成24年度「学校図書館の現状に関する調査」の結果について（概要）』（http://www.mext.go.jp/a_menu/shotou/dokusho/link/__icsFiles/afieldfile/2013/05/16/1330588_1.pdf）［2016年12月9日アクセス］
(28) 学校図書館担当職員の役割及びその資質の向上に関する調査研究協力者会議「学校図書館担当職員の職務（イメージ図）」『これからの学校図書館担当職員に求められる役割・職務及びその資質能力の向上方策等について（報告）』2014年3月、10ページ（http://www.mext.go.jp/component/b_menu/shingi/toushin/__icsFiles/afieldfile/2014/04/01/1346119_2.pdf）［2016年12月9日アクセス］
(29) 法律第93号（平26・6・27）◎学校図書館法の一部を改正する法律（http://www.sangiin.go.jp/japanese/joho1/kousei/gian/186/pdf/s051860331860.pdf）［2016年12月9日アクセス］
(30) 衆議院文部科学委員会「第186回国会文部科学委員会第23号」

2014年6月11日（http://www.shugiin.go.jp/internet/itdb_kaigiroku.nsf/html/kaigiroku/009618620140611023.htm#p_honbun）［2016年12月9日アクセス］
(31) 日本図書館協会「学校図書館法の一部を改正する法律について（見解及び要望）」2014年7月4日（http://www.jla.or.jp/Portals/0/data/kenkai/20140704.pdf）［2016年12月9日アクセス］
(32) 各調査は注（3）と同じ。
(33) 前掲『平成28年度「学校図書館の現状に関する調査」の結果について』11ページ
(34) 図は注（25）と同じ。
(35) 前掲『平成24年度「学校図書館の現状に関する調査」の結果について（概要）』1ページ
(36) 佐藤千雅子「私たちに明日はない」「学図研ニュース」2012年12月号、学校図書館問題研究会、12ページ

コラム1 『きつねのししょさんのいちにち』

『きつねのししょさんのいちにち』（おかやまり作・絵、2005年）は、東京都立高校の学校司書おかやまりさんの自費出版の絵本です。

　朝ごはんを食べて、学校へ行ってからうちに帰って夕ごはんまでをかわいいイラストで描いています。

　司書の仕事はまわりから理解されづらく、ヒマなときは本が読めていいなあと思われがちです。司書のことを少しでもわかってもらうために、おかやさんはこの小さな絵本を作りました。そして、学校図書館関係の集会などで売っていました。

　このかわいい絵本の存在を知ってほしくて、おかやさんの許諾を得て紹介します。

社会のじゅぎょうは

図書館でおこないます。

きつねのししょさんも子どもたちに本のしらべ方や
じしょのひきかたをおしえたり手伝ったりします。

たぬきの本屋さんが
このあいだたのんだ本やざっしを
とどけてくれました。

新しく来た本をせいりします。

スタンプおして　番号つけて
記号をつけて…

ラベルをはって
ビニールカバーはって…

ゴシゴシ

コラム1 『きつねのししょさんのいちにち』

昼休み。お昼を食べおわった子どもたちがいっぱいやってきます。

キンコンカンコーン
下校の時間です。

第3章
学校図書館とは

1　学校図書館は学校の「心臓」?

　学校図書館とは学校の「心臓」である、とよくいわれます。アメリカからきた言葉です。心臓が動いていなければ、からだ全体が機能しないという意味で、学校図書館は学校の中心、つまり学校教育に必要不可欠なものであるということです。ところが日本の学校図書館を見ると、それは「心臓」どころか、アクセサリーに近いと思ってしまいます。あればかっこいいけれど、なくても不都合はないという感じなのです。

　学校図書館は本来、学校の教育と結び付いて使われなければならないものでした。学びが生徒主体、子ども主体であるとき、学校図書館が必要になります。学校の授業と結び付く形で学校図書館が利用されることは、長い間日本の学校図書館の課題になっていました。

　では、学校図書館とは何でしょうか。「ユネスコ学校図書館宣言」(最近は「ユネスコ／IFLA学校図書館宣言」という)では、サブタイトルが「すべての者の教育と学習のための学校図書館」となっていて、次の文から始まっています。

　　学校図書館は、今日の情報や知識を基盤とする社会に相応しく生きていくために基本的な情報とアイデアを提供する。

> 学校図書館は、児童生徒が責任ある市民として生活できるように、生涯学習の技能を育成し、また、想像力を培う。(1)

「ユネスコ／IFLA学校図書館宣言」は、学校図書館が教育と学校のためにあること、学校図書館の重要な仕事は基本的な情報とアイデアの提供であること、また学校図書館の目的として、児童・生徒を責任ある市民として生活できるように、生涯学習の技能の育成と想像力を培うこと、をあげています。

　日本では、学校図書館というと本を読むところ、勉強するところ、本を借りたり返したりするところ、というイメージしかないのではないでしょうか。日本の場合、学校図書館に常駐して働く「ひと」がいない状況が長く続いたために、授業どころか日常の利用もままならないのに、それが学校図書館というものだと多くの人が考えることになってしまいました。「ユネスコ／IFLA学校図書館宣言」は、「学校図書館は教育の過程にとって不可欠なものである」として、そのために「訓練された職員を配置する」とあります。

2　学校図書館の使命・目的・機能は

　学校図書館には、民主的な権利を行使する自立した市民を育成するために、学ぶ権利と知る権利を支える使命があります。児童・生徒に図書館そのものについて教え、図書館を利用する力をつけることで、生涯学習者としての技能を身につけ、自ら学ぶ力を育てます。また豊かな読書体験を通じて、感性を育てます。

　1953年に制定された学校図書館法では、第1条で、学校図書館は「学校教育において欠くことのできない基礎的な設備」とし、第2条で次のように定義しています。

第2条　この法律において「学校図書館」とは、小学校（義務教育学校の前期課程及び特別支援学校の小学部を含む。）、中学校（義務教育学校の後期課程、中等教育学校の前期課程及び特別支援学校の中学部を含む。）、及び高等学校（中等教育学校の後期課程及び特別支援学校の高等部を含む。）（以下「学校」という。）において、図書、視聴覚教育の資料その他学校教育に必要な資料（以下「図書館資料」という。）を収集し、整理し、及び保存し、これを児童又は生徒及び教員の利用に供することによって、学校の教育課程の展開に寄与するとともに、児童又は生徒の健全な教養を育成することを目的として設けられる学校の設備をいう。⁽²⁾

　この学校図書館の定義の条文は、3つの部分からなっています。図書館資料を収集・整理・保存し、利用に供するという図書館のはたらきに関する部分、学校の教育課程の展開に寄与する部分、そして児童・生徒の健全な教養を育成する部分の3つです。
　1つ目の図書館のはたらきに関する部分を、公立図書館について定めた図書館法第2条の文章と比べてみます。

第2条　この法律において「図書館」とは、図書、記録その他必要な資料を収集し、整理し、保存して、一般公衆の利用に供し、その教養、調査研究、レクリエーション等に資することを目的とする施設で、地方公共団体、日本赤十字社又は一般社団法人若しくは一般財団法人が設置するもの（学校に附属する図書館又は図書室を除く。）をいう。⁽³⁾

「必要な資料を収集し、整理し、保存し、〜の利用に供する」の部分がほとんど同じであることに気づきます。この部分は、学校

図書館が図書館であることを示しています。確かに図書館法の対象は、地方公共団体などが設置する公共図書館で、学校図書館や大学図書館、専門図書館などは対象になっていません。けれども学校図書館は、まずなによりほかの館種の図書館が共通に持っている図書館の機能を持つ図書館です。そのうえに、学校図書館には独自の内容が加わるのです。その学校図書館独自の内容というのが、学校の教育課程の展開に寄与する部分、児童・生徒の健全な教養を育成する部分になります。

　学校図書館の機能というと、一般的には文部科学省が提唱する読書センター機能、学習センター機能、情報センター機能がよく知られています。「学校の教育課程の展開に寄与する」が学習センターに、「児童又は生徒の健全な教養を育成する」が読書センターにあたります。この3つの機能を文部省（当時）が言い始めたのは、1995年の文部省「児童生徒の読書に関する調査研究協力者会議 報告」からです。当時は読書センターと学習情報センターの2つでした。学校図書館は読書センター機能だけではなく、「子供の主体的学習活動を支える場として」の学習センター機能や、「情報を収集・選択・活用する能力を育成する」情報センター機能の充実も必要であるとしています。この整理は、学校図書館が子どもの学びを支えるものであること、情報を収集し、選択し、活用する能力をつけるためのものであることを、わかりやすく説明しています。そしてこの時期、学校図書館には学習センターの機能がある、情報センターの機能があると説明したことは、それなりに意義があることだったと思います。ただこの説明は、学校図書館が図書館である意味を説明しているわけではありません。95年に始まるこの3つの機能の考え方は、そろそろ再検討の時期を迎えているように思われます。

3 学校図書館が図書館であるということ

　学校図書館は、まず図書館でなければなりません。それでは、学校図書館が図書館であるということは、どういうことなのでしょうか。私は、この点について次の3つを考えました。第1に図書館の3要素があること、第2に図書館として日常的に機能していること、第3に図書館の理念があることです。

　最近の図書館関係の本ではあまり取り上げられなくなりましたが、図書館を構成する3要素という考え方があります（図9を参照）。

　　図書館資料と図書館の施設・設備および図書館職員を'図書館の3要素'という。図書館の世界において、図書館の3要素のそれぞれの貢献度について、経験的にいわれることがある。それは、営造物としての図書館利用者に対してすぐれたサービスを提供できたとして、そのときの3要素の貢献度は、図書館資料のすばらしさが20％、物理的な施設・設備のよしあしが5％、図書館職員の仕事ぶりが75％を占めるというのである。(4)

　図書館の3要素の出典をずっと探していましたが、なかなか見つけることができませんでした。最近、国立国会図書館が全国の図書館などと協同で構築する調べもののための検索サービス「レファレンス協同データベース(5)」で、2013年9月に登録された事例を見つけました。それによれば、*Practical administration of public libraries*(6)、『公立図書館の管理の実際』というタイトルの本に、「古くから言われていることとして、よい図書館サービス

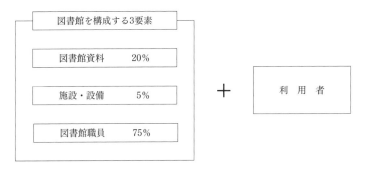

図9 図書館を構成する3要素
(出典:藤野幸雄/荒岡興太郎/山本順一『図書館情報学入門』〔有斐閣アルマ〕、有斐閣、1997年、8ページ)

には建物が5%、図書館資料が20%、それに対し図書館職員は75%を占め、いい図書館をつくる」という文言が英文で記述されていて、これはアメリカで古くからいわれていたことのようです。

この図書館を構成する3要素の考えに従えば、図書館職員がいない図書館は図書館とはいえません。また、図書館で最も大事なのは図書館職員が提供する図書館サービスである、ということになります。

第2の、図書館として日常的に機能していることとは、まず開館していること、です。学校図書館の場合、そこに働く職員の状況によって開館日が限定される(ある特定の曜日だけ)、開館時間が限定される(昼休み、放課後だけ)ということがよくあります。学校がある日の始業時から下校時まで毎日開館しているかどうか、ということです。また分類・目録が整備されているかも条件になるでしょう。学校司書がいない学校図書館(図書室?)では、本が分類順に並んでいないことがよくあります。買った本が年度ごとに並んでいる、あるいは教科ごとに並んでいる、分類番号順に左から右にではなく、逆になっている、などいろいろな状況があ

第3章 学校図書館とは

ります。

そして貸出・返却・リクエストがおこなわれている、必要な資料・情報が提供されている、それから調べもの相談・読書相談など個別にレファレンスがおこなわれているかも日常的に機能していることの要件になります。このような、通常の図書館が果たしている機能があるかどうかがポイントです。また資料・情報の提供、レファレンスに関連して、地域の公共図書館やほかの学校図書館とのネットワークが整備されているかどうかも含まれます。

3点目の、図書館の理念があることとは、広くは民主主義の理念とも関わり、利用者を知り、資料を知ったうえで、利用者の意思を尊重する図書館サービスを重視する視点と、「図書館の自由」を尊重する視点があるかどうかということです。特に「図書館の自由」に関しては、日本図書館協会による「図書館の自由に関する宣言」がありますが、学校図書館がこの宣言に該当する図書館なのか、という点については、学校図書館関係者の間でも意見が分かれています。該当すると考える立場と、該当しないと考える立場の両方があるということです。

「図書館の自由に関する宣言」は、1954年に日本図書館協会全国図書館大会で採択され、79年の日本図書館協会総会で「図書館の自由に関する宣言　1979年改訂」が可決・承認されています。この79年改訂で「すべての図書館に基本的に妥当」という言葉が入り、宣言の解説に「学校図書館・大学図書館・専門図書館などにおいても、それらの図書館を設置する機関の目的に抵触しないかぎり、これらの原則が遵守されるべきである」とされました。79年改訂によって、学校図書館も「図書館の自由に関する宣言」が該当する図書館であると明記されたことになります。また、宣言の解説は87年に一度改訂され、2003年に2度目の改訂がおこなわれています。1987年、宣言解説の改訂時に「特に、学校図書館において教育的配慮に名をかりた読書の自由の規制が

一部に存在するが、こうしたことは厳に戒められなければならない」との文が加わりました。

次に「図書館の自由に関する宣言」の全文ではありませんが、基本的な項目をあげておきます。

　図書館の自由に関する宣言（抄）
　（日本図書館協会　1954年採択　1979年改訂）
　図書館は、基本的人権のひとつとして知る自由をもつ国民に、資料と施設を提供することを、もっとも重要な任務とする。
　　この任務を果たすため、図書館は次のことを確認し実践する。
第1　図書館は資料収集の自由を有する
第2　図書館は資料提供の自由を有する
第3　図書館は利用者の秘密を守る
第4　図書館はすべての検閲に反対する
図書館の自由が侵されるとき、われわれは団結して、あくまで自由を守る。[7]

1999年にユネスコ総会で批准された「ユネスコ学校図書館宣言」には、「学校図書館のサービスや蔵書の利用は、国際連合世界人権・自由宣言に基づくものであり、いかなる種類の思想的、政治的、あるいは宗教的な検閲にも、また商業的な圧力にも屈してはならない」「知的自由の理念を謳い、情報を入手できることが、民主主義を具現し、責任ある有能な市民となるには不可欠である」[8]とあり、これもまた日本の「図書館の自由に関する宣言」が学校図書館に該当するという立場に立っていることがわかります。「ユネスコ学校図書館宣言」は、学校図書館の国際的な共通理解を示す文書なのです。

第3章　学校図書館とは

さらに、アメリカの学校図書館基準では1998年版『インフォメーション・パワー』の「児童・生徒の学習のための9つの情報リテラシー基準」に「情報への公平なアクセスの原則を尊重する」「知的自由の原則を尊重する」[9]と入っています。2007年の「21世紀の学習者のための基準」でも、共通の信条として示された文言のなかに「公平なアクセスは、教育の重要な要素である」「指標3.3.6：民主主義の価値観に基づいて情報や知識を利用する。指標3.3.7：知的自由の原則を尊重する」[10]が盛り込まれています。「ユネスコ学校図書館宣言」、アメリカの学校図書館基準ともに知的自由の原則の尊重という考え方が含まれていることがわかります。

「図書館の自由に関する宣言」を作成した日本図書館協会や「ユネスコ学校図書館宣言」、そしてアメリカの学校図書館基準が、学校図書館は「図書館の自由に関する宣言」に該当すると考える立場に立っているのに、日本ではそれが学校図書館関係者の共通理解になっていません。これはなぜなのでしょうか。

　2013年夏、松江市教育委員会が学校図書館では定番のマンガ『はだしのゲン』[11]の閲覧を制限するよう市内の小・中学校に指示を出したことが大きな話題になりました。この問題は、結果として市教育委員会の判断の手続き上の不備とされ、各学校（学校長）の判断に任されることになりました。これは、実は学校図書館の問題なのですが、そのように、あるいは司書の専門性の問題としてとらえた報道は決して多くありませんでした。数少ない報道で指摘されていたのは、学校司書の雇用の実態です。非正規職員で立場が弱く、声をあげられないと指摘されていました。

　アメリカでは、日常的にこうした閲覧制限や図書館蔵書から除く要求（主に保護者などから）がおこなわれていることもあって、学校図書館のあり方について明快な考え方を示しています。次にあげるのは、『学校図書館の検閲と選択 第3版』に載っている文

章です。

  学校図書館の1つの特別な役割として、図書館の何たるかを生徒に教えることがある。学校図書館も含めて図書館にある本は、図書館なり学校なりが、ともかくも「承認した」ことを意味しない。この点を早い時期に生徒に教える必要がある。図書館はさまざまな関心を賄う資源であり、自力で探し出すために利用する場である。しかし学校図書館がこうした場でないとき、また事実上生徒に向かって、既成の権威が既に認めたことを知りたいときにだけ利用しなさいといっているような館では、図書館の何たるかを教えることはできない。学校図書館は、館自体が多種多様な好みを体現することで、若い人びとに多様性への尊重を教育できる。この点で学校図書館は重要な役割を担っている(12)。

 日本の学校図書館がこうした図書館の理念を持たないということは、図書館の理念を支える民主主義の理解が不十分ということかもしれません。どちらにしても国際的な共通理解からはずれていると意識したほうがいいようです。

4　学校図書館の図書館サービスとは

 図書館で何より重要なのは、図書館職員が提供する図書館サービスです。利用者が求める資料・情報を提供することがその主な仕事です。利用者と直接やりとりしてサービスを提供するためには、調べるための基本的な資料がそろっていること、適切な分類や配架がされていて、利用者が1人でも調べられるようになっていること、また図書館にどんな資料があるかわかるように目録が

整備されていること、なども重要です。そして何より、学校司書にとって、利用者にいいサービスをおこなうために図書館にいるのだという姿勢が大事なのです。学校なので、つい教えようという意識が先に立ってしまいがちですが、子どもたちや先生が何を求めているのか真摯に受け止め、求められていることに応えようとする姿勢が重要です。

ところで私が、図書館サービスに徹するとはどういうことかを学んだのは、岐阜県の県立高校の学校司書だった小池静子さんの実践からでした。小池さんも最初から図書館サービスを意識していたわけではありません。ここで、1989年に小池さんが若い司書にあてて書いた文章をあげてみたいと思います。

> カウンターへ出よう──図書館の活性化は、まず生徒とのコミュニケーションから
> 若き司書への手紙──あるオバサン司書からの手紙
>
> 　生徒が居る時はカウンターに居る。まあこれはしごく当然のことであるという感覚は、今の私にとってはしごく当然なことです。
> 　しかし、実は以前は当然じゃなくて、司書室にいて仕事していたり、先生方とダベッていたりすることが多かった……。振り返ってその頃のことを考えてみると、生徒は勝手に本を返し、勝手に借りていく──。それが当然のことで何ら支障がない、と思っていたのですね、このことは、今、また利用者にとっては必要な要素ではあるのだなアと改めて思っているのですが、ほったらかしていた時のそれと、今のこの思いは、結果的には同じかたちなんだけど、本質的なところで何か違うものがある、なんて思ってますが。
> 　さて、"お客さま"のいらっしゃる時は必ずカウンターに

いて、返却や貸出に応える、ということをやりだしてから、すべてが変わってきたんですね。そう、まさしくそうなんですよ。私は返却する生徒に対しては必ず"ありがとう"と言う。借りていく人にも何かちょこっとする。相手によってその対応のしかたはちがうんですけどね。そうすると、いつのまにか生徒たちはいろいろと信号を送ってくる‥。私はまアこんなふうにして、気がついたら利用がどんどん増えていた、と。

　もっとも、かんじんの本がモンダイで、いくらカウンターでがんばっても、借りてみたい本がなくっちゃ借りてはくれません。逆に本はいいがアソコにいる人がねえーというのもつらい。だけどこのパターンて実はあんまりないのよネ、不思議と。本がよければ人もヨイ、なーんてネ。

　今回のテーマは「司書はカウンターに出よう」だから、これが中心なんだけど、カウンターに出るだけですべてウマくいくなんてもんでもない。

　活気ある図書館になる条件はいくつかあると思う。第1はやっぱり本。第2に人、第3に閲覧室という空間そのもの。だいたいこの3つがうまくかみ合っていくと、図書館が動き出す、といったらいいのかなア。月並みな表現だけれど、歯車のかみ合わせみたいなもんということか。

　私がカウンターに出るようになって自分で変わったなアと思うのは、生徒一人一人に対してとてもやさしく、親切になったことです。生徒たち、生徒ども、ヤツラ、あの連中……じゃなくて、生徒という立場にたまたまおかれている一人の"人"ですね。今、私はこの人と対している、といった気持ちね。だから私はとっても自分が謙虚になったと思う。もちろん、より謙虚に、なんですよ。

　それからもちろん、本の情報を知ってないと応対できない。

まず蔵書の情報。なに、むずかしいことじゃなく、たずねられた本が今、本棚にあるか、貸出中か、ということネ。そして、「あの棚の向こうからいくつめの下から3段目」とかネ。でもだいたいはそこまで案内しちゃうけど。で、この本はどんな本か、ということもね。ほんとにザッとしたことでいいんですよ。別にむずかしいことじゃない。そしてこれも必然的に、なんだけどいわゆるレファレンスワーク、フロアーワークですね。まあ、それもこれもで、半分がた本棚のあいだでごちゃごちゃやってますねえ。で、私んとこではカウンターにベルが置かれることになった。いや誰か置いてくれた訳じゃないのよ。自分で置いたんです。私に用のある人はこのベルを鳴らしてくれい、って。とても便利ですよ。

　カウンターに出るようになって、利用者といろいろやりとりをするようになって、いつのまにか、彼らがどんな本を必要とするのか、どんな本を読みたいのかが、からだでわかり、無い本は入れなければ！という気持ちが強くなり、彼らが読みたい本のある場にしたい！と痛切に思うようになってしまったんです。この思いって絶対、私だけが持ってしまったんではなく、きっとあなたも持つと思うんです。なぜって、彼らの思いを、少しく、かなえられる立場に居るんだから。いやほんとは私は自分でそれを作っちゃったというか、少しずつ少しずつできるように創意工夫、努力をしたんです。人はある種の熱意、気迫に対してちゃんと応えてくれるということを私は知りましたよ。あなたも「自分の立場なんて何の力もない、何もできないよ」と言ってしまわずに、あなたのまわりにはたらきかけ、自分で開拓してください。私がこけながら、けっこうな深手のキズも時には負いながら獲得したように。

　そして気がついたら仕事がとってもおもしろくなっていた。

平行して忙しさもグングン増してきたんだけど、一口に言えば、司書という仕事は、まったくイイなって思うようになったんです。

　あなたはこれをお読みになって、そんなにせんでもええんやない？とお思いでしょうか。ようやるワ、アホや、安い給料で…と。うん、たしかにそうだよね、アホかも知れん。ま、しかし、私はこんなふうになってよかったなアと思ってます。何てゆうか、まず自分がね、いつも何かピンと張りつめた気持ちでいられて、好きな本と気持ちのいい若者にかこまれて、仕事ができるなんて、ね、ところで気持ちのいい若者って誰のこと？と思ってるでしょう。今どきの高校生にそんなんあんまりおらんぜーと、あんたそれクサイよ〜、と。ところがですねー。やっぱり彼らは気持ちがいいんですよ。ま、一口に言えば、若さの輝きですよ。う〜ん、私ってどうしてこういうコトバが出てきてしまうんだろう。ま、こらえてくださいな。

　うーん、だってねえ、私んとこへ来てくれるお客様みーんな気持ちいいよー。はじめはふてくされた顔してる子もだんだんイイ顔になってくるよ。これうそじゃないよ。

　で、一口に楽しい、ということを別の言い方すれば、本の楽しさを彼らと分かちあいたい、ということでもあるのかな。生徒が読むコバルト文庫の一冊を読んで、本の中身についてワーワー言うという分かちあい方もあるけど、これ時にはやってますよ。でもそういう具体的なことじゃなく、本に対しての何ていったらいいのか、彼らの思いをガッチリ受けとめるというか、まあそんなような目に見えない糸がピンと張り渡されているような、ネ。そんな感じなんですよ。なんだかわかったようなわからんような……。

　もっとも本を読むなんて、てんでプライベートなことだか

ら、すごくむずかしいんだけど。だから具体的には"お客"と司書の間は個々にみんなちがうんですよ。まったく無言でコトが行われる時もあれば、ダジャレが飛びかってにぎやかに行われることもあれば、ね。絶対に司書が"わずらわしい"存在にならないように心がけています。

　ま、彼らと向きあってみてください。何かちょっと変わってきますよ。私は本来おっちょこちょいで頭脳不明晰なので地でやってますが、あなたはちょっと頭が良すぎるから、その優秀性をあまり目立たせないようにしてやることですね。これがさいごのアドバイスです。決して皮肉ではなくてね、客ショーバイのコツというものです。では今日はこのへんで。

　なんだかゴチャゴチャ書いてしまいましたが、ひとつ気楽にカウンターに立ってみてください。ではお元気で。
高山高校　小池静子[13]

　みなさんはこれを読んで、どんなふうに感じましたか？ 利用者がいるときには、カウンターにいることから始める。何か聞きたいことがあれば、司書が司書室にいても聞きにくるだろうと、実は私も思っていました。しかし、利用者が質問しやすいのは、司書が利用者の近くにいてこそなのです。カウンターからフロアに出て、棚の整理などをするのもいい、利用者が声をかけやすくなります。それから、いらっしゃい、来てくれてありがとうという気持ちです。私は小池さんのように、「ありがとう」という声かけまではできなかったのですが、不便な場所にある図書館に目的は何であっても、わざわざ来てくれているんだと思うようにしました。できることがあればなんでもやろうと思いました。

　そして、小池さんがいう「気持ちのいい若者」という言葉なのです。カウンター当番がいない授業間の休み時間に私が忙しく対

応していると、自然にカウンターに入って手伝ってくれる子、「この本、学校図書館に入れたほうがいいよ」と新刊の情報を教えてくれる子、「〇〇室に図書館の本が置きっぱなしになってたから」と持ってきてくれる子、昼休みに課題の影響もあって次々と質問を受けていると「あ、国語辞典なら僕、場所がわかるから」と案内してくれる子、本当に「気持ちのいい若者」そのものです。司書が姿勢を変えると、子どもたちが変わるのか、こちらの見方が変わるのか、そこははっきりとはわかりません。しかし、確かに何かが変わるのです。図書館サービスに徹するということが、少しわかってもらえたでしょうか。

5　図書館機能を大事にする意味

　図書館機能を大事に考えるのは、機能そのものに教育性があるからです。第1に、学校図書館が図書館として機能していることで、図書館とは何か、を教えることができます。第1章の最初にあげた内川さんと子どもたちとのやりとりのなかに、「図書館は、誰が借りてるかは、言わないことになってるねん」という子どもの言葉がありました。また、高校の図書館で「しんみりする本ないですか？」と聞いた女の子がいました（コラム2を参照）。彼女は、市立図書館でも同じ質問をしたと言ってまわりの友達にあきれられてしまいます。彼女の言い分は、学校司書はいつもすぐに教えてくれるからというものでした。[14]彼女が知った図書館の使い方、司書の使い方は、公共図書館では通用しませんでしたが、学校図書館が図書館として機能していることの意味を考えさせてくれます。

　学校図書館問題研究会[15]が作成した「学校図書館活動チェックリスト 2002年版[16]」というものがあります。これは、利用者が満足

できる学校図書館をつくるためのチェックリストです。専任で専門の職員が常駐する条件のもとで、現時点での基本的なサービス・活動を想定しています。チェック項目は全部で104、項目の6に「「図書館の自由に関する宣言」を利用者に知らせている」が入っています。補足説明として「「知らせている」とは、日本図書館協会作成の自由の宣言についてのポスターを目に付くところに掲示する、オリエンテーションで扱う、図書館だよりに載せる、などをいいます。小学生向けには岡山で考案された「3つのちかい」などを考えています」の文があります。

　この補足説明であがっている岡山で考案された「3つのちかい」とは、実際は司書によってさまざまなバリエーションがあるようですが、かつて岡山市の小学校の司書だった（現在は津山市）加藤容子さんが作った「図書館のちかい」がもとになっています。次にこの「図書館のちかい」(17)をあげてみます。

　　　一つ、図書館は、皆さんが読みたいと思うものを読むことができるように応援します。
　　　一つ、図書館は、みなさんが知りたいと思うことを知ることができるように、本やそのほかの資料を使って応援します。
　　　一つ、図書館は、みなさんの読書の秘密やプライバシーを守ります。

「学校図書館活動チェックリスト 2002年版」では、図書館の自由に関わる項目が、先にあげた6のほかに次のようなものがあります。

　　50　返却後個人の貸出記録は残らない（コンピュータにも残していない）
　　51　資料の貸出中は何を、いつまで、誰が借りているかが他の利用者にわからない（図書館側にはわかる）よ

うになっている
52　代本板を使っていない
66　予約者のプライバシーは守られている
68　連絡方法は利用者のプライバシーを保護している⁽¹⁸⁾

　図書館とは何かを伝えること、図書館の自由について知らせる努力をすることは、先生も含めた利用者に、そして学校のなかに知的自由の考え方を広めることにつながります。学校図書館には、さまざまな価値観や背景を持つ人を尊重し、相互に違いを認めて理解する「知的自由」の雰囲気をつくり出し、促進する役割があるのです。

　第2に、学校図書館は、図書館という「場」を提供しています。この「場」としての役割が大きいのです。2009年の子どもの読書サポーターズ会議の報告で「子どもたちの居場所の提供」と書かれている部分がこれにあたります。報告ではこのように書かれています。

　　ア　子どもたちの「居場所」の提供
　　○昼休みや放課後の学校図書館は、教室内の固定された人間関係から離れ、児童生徒が自分だけの時間を過ごしたり、年齢の異なる様々な人々とのかかわりを持つことができる場となる。児童生徒がこのような学校図書館を、校内における「心の居場所」としているケースも多く見られる。
　　○また、放課後の学校図書館は、放課後の子どもたちが安全・安心に過ごせる場ともなっている。⁽¹⁹⁾

　また、『教育としての学校図書館』で、塩見昇氏は学校図書館の機能を6点あげていますが、その5点目に「学年、学級などのカベをこえて、児童生徒、さらに教師が交流し共有する知的創造

のひろばとなる」をあげて、次のように説明しています。

　　図書館は資料の共有という関係が媒体となって、人と人の交流、表現、創造を生みだす可能性をもった場である。そういう知的創造のひろばとなるような経営、活動がなされることが必要である。学校では、学年、学級を単位とし、きまった教師による指導というのが通常の姿であって、それをこえた人と人との関係は必ずしも多くない。そのなかで学校図書館は、運動場とならんで学年、学級のカベをこえた子どもたち同士、さらには教師が共有する世界である。高学年の子どもが低学年の子どもに本を読んでやったり、学級の異なる子どもたちが一緒に紙芝居を囲むことができる。教師も加わった読書会、教師と児童生徒が協力しての教材づくり、子どもたちの創作の展示、交流の場ともなる。教師同士の授業研究、教材研究も手近に参考資料や教育情報、教育実践の記録などが整備されていることにより、図書館は学校のなかのもっともそれに適した場となる（教師の会議のために子どもたちが図書館を利用できないというのは論外である）。図書館（資料）の共有がその学校の教育活動をつくりだすという関係をとりわけ重視したい。[20]

　子どもの居場所と知的創造のひろばとでは、だいぶ観点が異なりますが、「場」としての意味を問う点では共通しています。学校図書館は第2の保健室と呼ばれることがあるように、問題を抱えた子どもたちの居場所になることがあります。また教室とは異なる人間関係を形成して子どもが育つ場になることもあります。
　ある学校図書館の集会で、学校図書館にライトノベルがあることを発見して、自分の居場所にすることにした生徒の話を聞いたことがあります。「この子はライトノベルに救われたんです」と、

その高校の司書は話しました。中学時代の人間関係に失敗して、図書館を自分の居場所にすることにしたその生徒は、長い時間をかけてライトノベル好きの上の学年の生徒たちと人間関係をつくることができたそうです。上の学年の子たちが卒業するときには、その子は大泣きしてしまったといいます。人間関係をつくることができると、この年齢の子どもたちは驚くほど成長します。その子も図書館を中心にした人間関係のなかで、その後は図書委員としてさまざまな活動をするようになっていったとのことです。

第3に、子どもたちが日々の生活のなかで知りたいと思ったことに応える図書館として重要なのは、その日常性です。図書館機能はほかの館種の図書館と共通であっても、学校図書館には独自の部分があります。その最たるものは、司書と利用者との関係です。不特定多数の利用者を相手にする公共図書館や、そもそも学生数が多い大学図書館とは異なり、学校という限られた空間のなかでは司書と利用者の関係はとても密になります。これは学校生活をともにしているという感覚です。日常的に、ちょっとした疑問やこんな本が読みたいという言葉を受け止め、それに応えていくことには、大きな教育性があります。また、先生は知らなくても、図書館では自分のことをちゃんと受け止めてくれる人がいるということは、子どもにとって大きな自信になります。そしてそれは、図書館機能を通じておこなわれるのです。

学校図書館が図書館として機能していることで教育性を持つという点については、前述の塩見氏が『教育を変える学校図書館』のなかで、「図書館の教育力」という言葉で論点を整理しています。「図書館という仕組み」によって子どもたちが自発的に読みたくなる、知りたくなるという気持ちに応え、それを支えることができる、また子どもたちの個性に応じた豊かな学びの世界を実現できるということを、塩見氏は次の7項目をあげて説明しています。

1) 知的好奇心を刺激する多様な学習資源の選択可能性
2) 体系的、組織的なコレクションの存在
3) 個別の要求、ニーズに即したサービスとしての相談・援助の営み
4) どこまでも所要のものを探求できる組織性(ネットワーク)の具備
5) 資料・情報のコントロール、再構成、そして発信
6) 知的自由、プライバシーの尊重
7) 学び方、学ぶ力(リテラシー)を身につけた生涯学習者の育成[21]

6　子どもたちの学びを支える

　本章の冒頭で触れたように、学校図書館は学校の心臓であるといわれます。心臓が動いていなければ、学校教育そのものが成り立たない、その意味で使われる言葉です。授業をするうえで必要不可欠な学校図書館というイメージは、日本では長い間定着することはありませんでした。その原因は、黒板とチョークさえあればできる一斉学習だけがおこなわれてきたこと、試験のための学習が優先されてきたことなどがあげられるでしょう。したがって、学校図書館を必要とする教育をおこなうことは、教育を変える、教育が変わらなければならないということとセットにして語られてきました。

　また学校図書館の側でも、「教育課程の展開に寄与する」とは、具体的に何をすることなのかがよくわかっていませんでした。1980年代後半から90年代、高校を中心に学校図書館と教科との連携と呼ばれた実践が全国的に広がりました。やがて、学習内容

の大幅な削減、学校週5日制の実施、「総合的な学習の時間」の新設などを内容とした学習指導要領が、小・中学校で2002年度、高校では03年度に本格実施されることになりました。このときに導入された「総合的な学習の時間」は、「自ら課題を見付け、自ら学び、自ら考え、主体的に判断し、よりよく問題を解決する資質や能力を育てる」「情報の集め方、調べ方、まとめ方、報告や発表・討論の仕方などの学び方やものの考え方を身に付ける」ことがねらいとされていて、これはいままでの授業のあり方とは全く異なるものでした。導入されたころは、先生も不慣れで、またこうした学習のための環境が整っていないこともあって、決して成功したとはいえませんでした。一方、学校図書館側にとっては学校図書館、図書館資料が必要とされる授業がようやく可能になったということができます。

2008年に改訂されたいまの学習指導要領では、「総合的な学習の時間」の時間数が減ることになりましたが、「思考力・判断力・表現力の育成」や、各教科での「言語活動の充実」が強調されています。また、「総合的な学習の時間」の解説では、「探究的な学習における児童の学習の姿」が図で示され、探究の過程「1 課題の設定　2 情報の収集　3 整理・分析　4 まとめ・表現」が示されています。アメリカ・カナダ・オーストラリアなどで、情報リテラシー教育では必ず示される探究のプロセスという考え方が、日本で初めて明示されることになりました。

課題を設定し、情報を集め、整理・分析してまとめ、発表やレポートの形で表現する、こうした児童・生徒が主体的に関わる学びでは、学校図書館のはたらきが必要不可欠です。「総合的な学習の時間」だけではなく、各教科でもこうした学びが実現することが、本当は望ましいのです。情報リテラシー教育の各段階ではさまざまなスキルが求められます。図書館の使い方や、図書館資料（百科事典、新聞、雑誌、インターネットなど）についての知識

とその使い方、要約の方法、集めた資料のまとめ方、自分の意見を論理的に構成する方法、レポートの書き方、発表の方法などです。「総合的な学習の時間」でテーマがしっかりしたレポートを個人で書くとしても、ほかの授業のなかでこれらのスキルのどれかを身につける学習がおこなわれていれば、図書館が単独でガイダンスをおこなうよりも効果が上がります。図書館と教科が協力しておこなう授業がもっと増えて、子どもたちが学び方のスキルを身につける機会が増えることが必要です。学校図書館はそうした授業づくりにも協力しますし、必要な資料の量と質をそろえることから、授業の各段階で読み聞かせ・ブックトーク・資料紹介・分類案内を入れる、あるいはワークシートを工夫して作成することもあります。実際に生徒が図書館で調べる場面では、担当の先生とともに個別の相談にあたります。

　このように、教科の先生と協力して授業のなかで学校図書館を活用することは、実は司書教諭にとっても専任・専門・正規の学校司書にとっても、難しい取り組みです。授業での活用を実現するには、担当の先生に学校図書館というものを理解してもらわなければならず、また学校図書館が授業使用に応えられるという信頼を得る必要があるからです。そのためには、先生との日常のコミュニケーションを積み重ねていかなくてはなりません。

　とはいえ、先生に学校図書館を理解してもらうためにいちばん大きな役割を果たすのが、この子どもたちの学びを支える機能です。学校図書館の役割として、この機能だけを取り上げる人もいます。この機能が最も学校図書館に特徴的で、学校図書館を説明するときにわかりやすいのではないでしょうか。

7　子どもたちの読書やメディア体験を豊かにする

自分が読みたいと思う本と出合うことさえできれば、本を読むのは楽しいものです。それなのに、中学・高校になると、本を読む子と読まない子とに分かれていきます。子どもたちが本と出合うことができる学校図書館、自分に合った本をすすめてくれる人がいる学校図書館の役割は重要です。

　私は学校図書館で、読書の問題について何度か考える機会があり、発表してきました。1993年の学校図書館問題研究会の実践報告(22)では、まずいまの（当時の）文化状況のなかで読書の意味が変わっていると言っています。①映像が文化の主流、②読書は個人的な営み、③疑似体験世界の充実、④こころが問題にされている、の4点をあげて、そのうえで学校図書館での読書は、①子どもが尊重される、②読書の楽しさを知る、③現代社会との接点・窓口となる、ものではないかと話しました。

　また2001年に出版された『学校図書館教育のデザイン』では、学校図書館の読書教育には2つの大きな課題があると記しています。1つ目の課題は、多様なメディアの普及のなかで、本・雑誌・新聞などの印刷メディアが占める位置が明らかに低下していること、映像を読み取る力も含めた「読み」そのものが多様になっていることをあげています。2つ目の課題は、読書教育は往々にして、読書が個人の領域に深く関わる行為であること、さらに「人から人へ」と伝えていくものであることが軽視されがちで、「読み」の多様性の尊重とともに、読み手の多様性を尊重することだと述べています。そして学校図書館の読書教育については、前提として「人から人へ」の原則をあげ、3つのポイントとして①一人ひとりの違いを大切に、②子どもの声を聞く、③肉声で伝える、を提案しています。

　この文の最後に、私は次のように書いています。

　　本との出会いがなぜ大切なのか、それは本のなかにさまざ

まな世界があるからです。本と出会うことはさまざまな世界と出会うことです。また、"楽しむ""enjoy"することを重視するのは、それが学ぶことの基本であると考えるからです。(略)
　まず大事なのは、本を読むことを嫌いにならない、読書を生活の一部として生きていく力をつけるという点ではないでしょうか。子どもたち一人ひとりが自分の読書世界を持つことができるようにする、生涯にわたって本を読むことができるようにする、その道すじを示すことが大切ではないかと考えます。[23]

　個人的に、本を読むことも、マンガを読むことも、映画を見ることも、テレビドラマを見ることも、(ゲーム体験はあまりありませんが)、どこかですべてつながっている感じがします。学校図書館は、アメリカでは1969年以降スクール・ライブラリーからメディア・センターに名称を変更していて、多様なメディアを図書館資料として扱っています。メディア体験も重要だと考えるのは、アメリカやフランスの学校図書館事情を見ると、メディアリテラシー教育(映像作品の読み取り、マスメディアの分析、映像制作など)に学校図書館が重要な役割を果たしているからです。

8　これからの学校図書館

　いまの学校図書館は、ようやく学びを支える段階に到達しようとしています。子どもたちの情報リテラシー育成に果たす役割が理解されつつあり、広まりつつあります。しかし、これを全国で実現しようとするには課題が山積みです。そこで、ひとまずこの課題はさておき、学校図書館の未来像を考えるときに見逃せない

のが、メディアリテラシー教育の視点です。

　いまユネスコは、情報リテラシーとメディアリテラシーを統合し、関連するほかのリテラシーを含む新しいリテラシー、メディア情報リテラシー（Media and Information Literacy）という概念を提唱しています。このユネスコのメディア情報リテラシーには、情報リテラシー、メディアリテラシーのほかに、図書館、表現の自由・情報の自由、デジタル、コンピュータ、インターネット、ゲーム、映画、テレビ、ニュース、広告のリテラシーが含まれ、全部で12のリテラシーからなっています。[24]学校図書館は、情報リテラシー、また図書館リテラシーに関しては、条件が許す範囲である程度実践の蓄積があるとみなすことができます。その先の学校図書館の課題が、メディアリテラシー教育だと思います。

　2010年、日本図書館協会学校図書館部会の夏季研究集会で、辻由美氏の「フランスの子ども読書教育支援」と題する講演がおこなわれました。この講演では、フランスで大々的におこなわれているプレス・メディア・ウィークの話が出てきます。全国規模の催しで、幼稚園から高校まで、また教育省、各種メディア（新聞、雑誌、テレビ、ラジオ、インターネット）が参加するイベントです。高校の取り組みの例も紹介されました。新聞記者や雑誌記者を呼んで生徒と話し合う場をつくっている例や、通信社の文章と新聞記事を読んで社会問題について生徒が話し合うといった授業がおこなわれているという事例です。学校の参加は09年の統計で1万6,000校を超える数になっていて、学校が参加を申し込むときは、フランスの学校図書館専門職員であるドキュマンタリスト教諭があたります。参加を申し込む教員の実に95％がドキュマンタリスト教諭だそうです。

　またアメリカのメディアリテラシー教育を扱った本『デジタル時代のメディア・リテラシー教育』[25]にも、教科を担当する教師に協力するスクール・ライブラリー・メディアスペシャリストが出

第3章　学校図書館とは　99

てきます。これはアメリカの学校図書館専門職員のことです。このように、海外では学校図書館専門職員がメディアリテラシー教育で重要な役割を果たしていることがこうした事例からもわかります。

　日本ではメディアリテラシー教育と学校図書館が結び付いた実践は、まだあまり例がありません。次に紹介するのは、2002年、熊本県立高校の社会科の授業で、学校図書館が関わったメディアリテラシー教育の実践です。学校司書は入部一代さんです。入部さん自身が、学校司書としてメディアリテラシー教育の必要性を痛感していたこと、1999年のくまもと未来国体で「住民ディレクター」として関わり、身の回りの「国体」を取材し、テレビやラジオで放送する体験をしていたことが背景にありました。

　昨年度末から社会科教師と打ち合わせ、「メディアリテラシーを課題にする」ことを確認した。4月の図書館利用オリエンテーションでは、当時制作中の10分番組「わたしのハイヤ物語」の手順について、私自身の使っている資料すべてを示して「資料」の意味を伝えた。CDで「牛深ハイヤ節」を聞いてもらい、市役所からのチラシやパンフレット、新聞記事、牛深を題材にした小説、あるいはインターネットからの印刷物などを使って、「調べていること」を伝え、どう編集作業を進めているかを伝えた。

　6月に教科の授業では、生徒の意向調査があり、どのメニューに取り組むか決定していった。一方で、ビデオ制作班の支援をどうするか「NPOくまもと未来」と連絡を取り、打ち合わせていった。企画の段階と編集作業にかかる段階で全員合同の研修会を持つことを確認した。対象者は、各クラス1班計5～6名の合計10班56名。

　7月に「NPOくまもと未来」の会員や理事長を講師に2回

のガイダンスを持った。「番組づくりのながれ」「地域発見のたのしさ」をテーマに、カメラや器材の扱い方、企画力について研修した。

　夏休みに入って、実際の活動を開始した。課外授業終了後、午後からの日程を使って班ごとにサポートにつく「NPOくまもと未来」の大人たちが立ち会い、企画、取材計画、編集計画などを打ち合わせた。チャレンジメニューの一つとして「労働体験」班があり、ビデオ制作班の3つの班が、労働体験班の活動を追うことになった。取材したものを「編集することについて」、実際に作業をしながらの研修会を2日間用意した。このような研修会を繰り返す中で、生徒たちはじわじわと気持ちを寄せていった。他の教科の宿題や課外、クラブ活動などで忙しいながらも時間を見つけて、作業や打ち合わせをしていった。

　作業スペースとして、図書館入り口の小部屋を充てた。生徒が自由に出入りし、おしゃべりする風景を間近に見るにつけ、流れる時間がいつもよりゆったりと感じられた。

　生徒たちは、日頃の机上のドリル的な勉強とは違って、学校から飛び出して体を使って体験することを通して確実に変わった。例えば、文章を書くことは「体験」を経ているので、短時間で出来るし、テレビ世代の彼らの取材は、すでに構成を考えて出かけていた。機械操作はお手のもの。…案ずるより産むが易し。大人たちは機械操作をアドバイスするだけで良かった。

　この授業の成果の発表の場を文化祭に設定した。当日は、その場所そのものを「番組収録」の形をとり、生徒の創った番組と感想とNPOのサポーターからのメッセージで構成した。

　この一連のことを、取材した地元熊本日日新聞が社説に取

り上げ、また西日本新聞が連載してくれた。また、2週間後サポートしたNPOの立場から、「高校生達の可能性」をテレビでレポートした。[26]

　この実践は、社会科の先生と入部さんとの協働、コラボレーションで実現しました。2002年にこのような実践があったことは、私にとっては驚きでした。学校図書館が関わることで、生徒の学びが豊かになることを実証する実践であるとも思いました。学校図書館の未来は、メディアリテラシー教育にあるのです。

注

（1）塩見昇編『学校教育と学校図書館 新訂3版』（〔「新編図書館学教育資料集成」第10巻、「学校図書館論」第1巻、教育史料出版会、2016年）12ページによる。
（2）「学校図書館法（昭和28年8月8日法律第185号）」最終改正：平成27年6月24日 法律 第46号（http://law.e-gov.go.jp/htmldata/S28/S28HO185.html）［2016年9月12日アクセス］
（3）「図書館法（昭和25年4月30日法律第118号）」最終改正：平成23年12月14日 法律 第122号（http://law.e-gov.go.jp/htmldata/S25/S25HO118.html）［2016年9月12日アクセス］
（4）藤野幸雄／荒岡興太郎／山本順一『図書館情報学入門』（有斐閣アルマ）、有斐閣、1997年、8ページ
（5）「レファレンス協同データベース」（https://crd.ndl.go.jp/reference/）［2016年9月12日アクセス］
（6）Joseph Lewis Wheeler and Herbert Goldhor, *Practical administration of public libraries*, Harper & Row, 1962.
（7）前掲『学校教育と学校図書館 新訂3版』161―163ページに掲載されたものを要約した。
（8）「ユネスコ学校図書館宣言」、同書所収、13―14ページ

（9）「児童・生徒の学習のための9つの情報リテラシー基準」、アメリカ・スクール・ライブラリアン協会／教育コミュニケーション工学協会編『インフォメーション・パワー——学習のためのパートナーシップの構築 最新のアメリカ学校図書館基準』所収、同志社大学学校図書館学研究会訳、同志社大学、2000年、37、39ページ

（10）「21世紀の学習者のための基準（アメリカ・スクール・ライブラリアン協会） 共通の信条」、アメリカ・スクール・ライブラリアン協会編『21世紀を生きる学習者のための活動基準』（「シリーズ学習者のエンパワーメント」第1巻）所収、全国SLA海外資料委員会訳、全国学校図書館協議会、2010年、17ページ

（11）中沢啓治『はだしのゲン』全10巻、汐文社、1993年

（12）ヘンリー・ライヒマン『学校図書館の検閲と選択——アメリカにおける事例と解決方法 第3版』川崎佳代子／川崎良孝訳、京都大学図書館情報学研究会、2002年、33ページ

（13）小池静子「カウンターへ出よう——図書館の活性化は、まず生徒とのコミュニケーションから」。出典は不明。小池静子さんが書いた原稿を集めたなかにあった文章で「'89年度ブロック研まとめ」のただし書きがある。

（14）このエピソードは、神奈川県学校図書館員研究会相模原地区発表おたのしみ付録「日常のやりとり@highschool_library 2009－2010」（2010年作成）による。

（15）学校図書館問題研究会は、全国の学校図書館に関わる教職員・図書館関係者・学校図書館に関心を持つ市民・研究者などでつくる個人加盟の研究団体。

（16）学校図書館問題研究会「資料6 学校図書館活動チェックリスト2002年版」『学校図書館のいま・これから——学図研の20年』（「がくと」第21号別冊）、学校図書館問題研究会、2006年、97—104ページ

（17）加藤容子「読みたいとき、知りたいときは、すぐに図書館へ」——小学校現場から」、日本図書館協会図書館の自由に関する調査委員会編『子どもの権利と読む自由』（「図書館と自由」第13

集）所収、日本図書館協会、1994年、140ページ
(18) 前掲「資料6 学校図書館活動チェックリスト 2002年版」100ページ
(19) 前掲『これからの学校図書館の活用の在り方等について（報告）』4ページ
(20) 前掲『教育としての学校図書館』69—70ページ
(21) 塩見昇編著『教育を変える学校図書館』（風間書房、2006年）10—15ページの記述による。学校図書館の教育力に関しては塩見昇『学校図書館の教育力を活かす —— 学校を変える可能性』（〔「JLA図書館実践シリーズ」第31巻〕、日本図書館協会、2016年）がある
(22) 高橋恵美子「実践報告 今、読書を考える」、学校図書館問題研究会編「がくと」第8号、学校図書館問題研究会、1993年、12—15ページ
(23) 新しい学校図書館と専任司書教諭制度研究会編『学校図書館教育のデザイン』アドバンテージサーバー、2001年、58—59ページ
(24) 坂本旬『メディア情報教育学 —— 異文化対話のリテラシー』（キャリアデザイン選書）、法政大学出版局、2014年、80ページ
(25) ルネ・ホッブス『デジタル時代のメディア・リテラシー教育 —— 中高生の日常のメディアと授業の融合』森本洋介／和田正人監訳、上松恵理子／田島知之／高橋恵美子／中村純子／村上郷子訳、東京学芸大学出版会、2015年
(26) 入部一代『ひたすらの道——生きること、天草で、学校司書として』熊本県教科書供給所、2015年、163—165ページ

第4章
高校の学校司書

1　配置率が高い高校の学校司書

　第2章で述べたように、学校司書は1950年代から存在していました。当時の学校図書館は、戦後の民主主義教育で強調された自由で主体的な学習、ただ一冊の教科書を使って教えるのではないさまざまな教材・資料を活用した教育をという考え方のもとに、重要な役割を求められることになりました。「学校図書館こそは、カリキュラムを豊かにする中心機関である」とされたのです。そして全国の学校で、新教育の自由で主体的な学習を実現しようとする教師たちの手で、図書館づくりがおこなわれることになります。熱心な先生と子どもたちの手で始められた学校図書館づくりは、のちに膨大な事務作業を担うための専任事務職員を置くことにつながっていきます。

　文献で確認できる最初の学校図書館の専任事務職員の存在は、1950年の「大阪府立高校における学校図書館の実態」という記事のなかに見ることができます。この記事は、大阪府立高校全日制45校を対象とする調査の報告で、事務職員を置いている学校が専任12校、兼任2校の計14校あること、そして全日開館（授業時間中と放課後を通じて開館）をおこなっている学校の数が専任事務員の有無に影響していることがわかる、と書かれています。また54年の文部省の調査では、こうした事務職員の配置率は小学

校が3.4％、中学校が6.7％、高校が39.5％となっています（公立学校だけ）。60年に全国SLAがおこなった全国悉皆調査では、小学校8.7％、中学校14.6％、高校63.0％でした。初期のころから、高校の学校図書館事務職員（学校司書）の配置率が高かったことがわかります。

1950年代後半から、こうした学校司書の公費雇用実現の運動が全国的に展開されていきます。こうしたなか、60年に文部省事務次官通達「教育費に対する住民の税外負担の解消について」が出されます。この通達の内容は、公教育の費用が、PTA会費などの私費で負担されているのは望ましくないとするもので、高校については学校司書の公費雇用実現を後押しするものとなりましたが、小・中学校の場合は私費での雇用そのものをやめてしまう自治体を生むことにつながりました。高校と小・中学校とで、結果的に対応が分かれてしまい、このことも高校での学校司書配置率の高さの一つの要因になっています。

1960年から80年にかけて、高校の学校司書の公費雇用が実現していきます。第2章の図8を見てもわかるように、80年また95年には、配置された学校司書のほとんどが公費で雇用されるようになり、正規職員の割合も有資格者の割合も高いことが見て取れます。近年配置率が下がっているとはいえ、図書館専任で専門（有資格者）・正規職員の割合が小・中学校と比べると高いことが、高校の学校司書の特徴です。

2　はじまりはレファレンス・サービス

レファレンス・サービスは、初期の学校司書が学校図書館事務職員とみなされることが多かった関係で、司書教諭ないし教諭の仕事とされていました。一方で、学校司書は図書館に常駐する職

員であるため、来館者の応対を日常的におこなうことが多く、当然そのなかには図書館資料に関する質問も含まれることになります。学校司書が当初からレファレンス・サービスの担い手であったことは、「学校図書館」1960年9月号の「学校司書のレファレンスサービス」[5]や同誌1964年8月号「学校司書とレファレンス」[6]の記事からもうかがえます。60年に書かれた記事「学校司書のレファレンスサービス」は、当時公費雇用を実現したばかりの神奈川県立高等学校司書の増田幸枝さんによるものです。

　「食物の時間に教えるんですが、マシュマロの作り方のでている本はありませんか」と家庭科の先生が相談される。「料理全書」など二、三食物の本に当ってみるがでていない。「さあ困った」しかしその時「栄養と料理」に、製法がのっていたことを思い出した私は、急いでそのバックナンバーを調べてみる。「ハイ先生、この3月号にでています」ようやく求められた資料を捜し出し私はほっとする。

　このようなレファレンスサービス。それは一般に学習や研究調査の上で、インフォメーションを求める人に対し、図書館側が適当な図書資料を示して、解答をみつけたり、またみつける助けをしてやることといわれている。学校図書館におけるレファレンスサービスは、参考事務の他に読書相談や、図書館利用教育までも含み、司書教諭の主要な職務の一つになっている。特に高等学校では、教科学習が専門的になるため、教師の教材研究、生徒の宿題解決などに、必要なインフォメーションを求められることが多い。その場合専任の司書教諭が中心になり、各教科の先生と緊密に連絡しあって、レファレンスを展開していけば、一番理想的であるといえよう。しかしその司書教諭が完全に配置されていない現在では、常時カウンターに出ている学校司書が、忙しい整理事務のかた

わら、時に応じてこのむずかしくも責任ある仕事を処理しているというのが実情である。⁽⁷⁾

（略）

　レファレンスサービスの本領が最も発揮されるのがこの参考事務である。

「国語の宿題で万葉集中馬酔木を詠んだ歌を調べたいのですが、参考書はありませんか」このような宿題に関する生徒の質問は、すぐ出題者の先生に相談し、資料「万葉辞典」「万葉集全釈」を別置して、被課題者全員が利用できるよう、館内閲覧または予約貸出にする。また「夏期国語の総合練習」等に対しては、その参考書を学年別に展示して、学習の便を図る。その際注意しているのは、教師と連絡をとること、生徒には原則として解答そのものを教えず、資料のみを示すこと、時に応じて資料の使い方も指導するということがある。

　なお生徒の質問は漠然としていることが多いので、その場合は反対に司書の方から問い正し、質問の核心をつかみ、またどの程度の資料を求めているかと、質問の深さを分析してみる。「食物の調理について」という生徒によく聞いてみると、「腎臓病の治療食」であったり、また父兄が生徒を通じて質問を寄せることもあり、その際は資料もずっと専門的にならざるを得ないからである。生徒の質問はこのようにして、比較的簡単に処理できるが、むずかしいのは、教師が学習指導上の疑問等を調査研究に来る場合である。たとえば「枕草子の一説にでてくるのだが薬玉について」という国語の先生からの質問に、次々と資料を提供したが、いずれも詳しい専門的な説明がなくて満足を得られず、最後に資料庫の「広文庫」に思いつき、ようやく適切な解答がみつかるということがあった。この時は時間があったので、ていねいに案内できたが、休み時間次の授業に備えてという時は、両方が慌てて

いるだけに失敗もある。先日、「くさひばりの実物図を」といわれ、ろくに質問を確めもせず、「鳥類図鑑」を出したが、それが昆虫と聞いて冷汗の出る一幕もあった。[8]

　また「学校図書館」1964年8月号の「学校司書とレファレンス」は、山形県の高校に勤める学校司書による記事です。こちらは、山形県内の高等学校にアンケートをおこない、結果を集計し分析を加えたものです。

　　さて、レファレンス・サービスの実施にあたって、忘れてはならない要素は人の問題である。利用者がインフォメーションを求めてくる場合、その窓口となるのは学校司書（あるいは学校図書館事務職員）と呼ばれている私たちである。そして先にかかげた参考質問のほとんどすべては、学校司書に対してなされたものであり、また、それに対してインフォメーションを提供しなければならない立場におかれているのも学校司書ではなかろうか。図書係の教諭がいても、それは専任ではなく、学級を担任し校務分掌をもち、更にクラブ活動の指導にもあたらなければならない。これでは、図書館活動に十分な時間をさくことは不可能である。つまり、学校司書がレファレンス・サービスの最前線に立たねばならないということは、疑うことの出来ない事実となっているのである。学校司書の任務は重大である。ここに、単に受動的な立場で事務処理をする事務職員としてではなく、レファレンス・ライブラリアンとしての自覚と研修活動の必要なゆえんがあると思うのである。
　（略）一方、私たちは相当過重な負担になることは覚悟して、積極的にレファレンス・サービスを推進して行かねばならないこともももちろんである。レファレンス・サービスが浸透し

> 成果をあげてゆく度合に比例して、図書館に対する認識・評価も変ってゆくことになると考えるからである。(9)

　学校図書館のレファレンス・サービスは業務として大事なものと考えられていました。1950年代、また60年代の「学校図書館」誌では何度か特集が組まれ、60年代には東京都立高校司書教諭による連載記事が掲載されていました。しかし70年代半ばまでは、レファレンス・サービスはそれほど学校図書館に定着していたわけではなかったようです。「学校図書館」1974年10月号の記事「参考業務夜明け前」ではその様子が描かれています。74年という年は、全国SLA東京大会で初めてレファレンス・サービスの分科会が設けられた年でした。この記事は、分科会の様子を報告した内容になっています。

　この記事を書いた遠藤英三常葉女子短期大学助教授（当時）は、分科会で浮き彫りになった課題を3点あげています。1点目は、「格差がひどく、先進校でさえも最近試みはじめたばかり」であること、2点目は「参考業務どころか、図書館自体をあまり必要としない教育の横行」、そして3点目に「「司書はどこまでやってよいか」という悩みが、司書側から出されたこと」です。この3点目については以下の文章が続きます。

> せっかく司書が利用者に指導・援助をしようとすると、教育本来の姿や図書館の使命・機能に無理解な教科の教師から、「事務職員のくせに教育活動に介入する」と文句をいわれるという前近代的な状況が各地にみられるということだった。(10)

　先にあげた記事が1960年代に掲載されていても、学校司書がレファレンス・サービスをおこなうことを否定する動きが各地にあったことがうかがえます。さらに、次のような発言があったと

遠藤氏は書いています。

> 「図書館へ行けば何でもわかるという安易な気持ちを植えつけることはどうかと思う」「たとえ時間と労力の無駄があっても、生徒自身が試行錯誤によっても、資料のさがし方を身につけることが教育的である」[11]

　遠藤氏はこうした発言を「参考業務及び司書教諭・司書の存在と機能とを全面的に否定する考え方」として批判しています。しかし当時、このような発言は図書館のことをよく理解していない教師がしばしば口にする類いのものでした。SLAの地方大会などで、学校司書がレファレンス・サービスについての実践報告をすると、図書館係教師が務める分科会助言者が、助言としてこうした発言をすることはよくあったのです。私も体験したことがありますが、こうした発言は、レファレンス・サービスをするなと言われているのと同じで、その意味や重要さが「学校図書館」誌上でいかに強調されても、末端の学校図書館にまで及んでいないことを表していました。

　学校司書の「司書はどこまでやってよいか」という悩みは、すでに1964年の山形県高等学校司書の記事に現れています。その後、レファレンス・サービスは司書が積極的に担うものになっていきます。

3　レファレンス・サービスから教科との連携へ

　1970年代に入ると、50年代、60年代前半に起きた熱心な図書館づくり運動の存在は過去のものとなり、学校図書館は新教育のための資料センターの位置づけから読書指導を中心とした方向に

変わっていきます。この状況を学校司書の側から見ると、学校図書館の仕事は、学校司書がいる学校では、ほぼ全面的に彼ら彼女らに任されていった時期ととらえることができます。図書館の分掌に所属する教師は、何年かたつとほかの分掌へ異動する校内ルールが一般的になり、図書館の分掌にずっと所属する司書が図書館の仕事について誰よりもベテランになっていきます。学校司書への生徒の質問は、教科の授業に関することが多く、そこから図書館の利用案内などへとつながっていきます。60年の増田さんの文章のなかでも、新入生に対するオリエンテーションを司書が担当している様子が書かれていますが、70年代後半には各地で学校司書が利用案内・利用指導をおこなうようになっていきます。その後さらに教科学習と結び付いて、学校図書館として何ができるかを模索するようになっていきます。

「学校図書館」誌でその流れを見ていくと、当時静岡県立高等学校の司書だった川田清子さんが書いた一連の記事（1975—79年）が参考になります。川田さんは75年の最初に書いた「全校一斉のLHR読書会(12)」のなかで、司書の仕事の中心はレファレンスで、これからレファレンスを積極的におこなっていきたいと述べ、76年の記事「教科学習と結びついたレファレンス(13)」ではその成果を報告しています。目録の充実、接遇の工夫、記録のカード化などさまざまな試みをおこなうとともに、教科学習と結び付けるために「現在使用されている教科書（全教科）、実習指導書、実習計画書、教科で出す課題など」も集めています。

そして「教科における学校図書館の活用(14)」では、資料を探しに来る生徒から同じ質問が何度も繰り返されること、生徒たちは資料の探し方を非常に不得手としていること、本を探しても背文字と目次で止まってしまい、索引を引くところまでいかないこと、どういう言葉で探したらいいかがわかっていないことなどに気がつきます。そこで川田さんは、プリントによる資料の紹介を作成

し、このプリントは生徒たちに非常によく使われたそうです。そして図書館がレファレンスに力を入れ、資料紹介を要求に応じておこなっていることが校内で知られるようになると、ほかの教科でも図書館を使うようになっていきます。学校司書の努力で複数教科の図書館利用が実現していくようになったのです。

前掲『教育としての学校図書館』に収められた、当時群馬県立高等学校司書の八木清江さんによる実践レポート「化学の授業に協力して」は、書籍として出版されたことで広く知られるようになり、当時の学校司書がめざす実践の目標となりました。このレポートで、八木さんが化学の先生との連携のきっかけとしてあげている出来事が、生徒の質問「リュックサックについて調べたいのですが何を見たらいいでしょうか」でした。生徒とのやりとりがどうにも要領を得ないので、化学の先生に問い合わせると、生徒がリュックサックと言っていたのは化学者ゲイ・リュサックであることがわかったというエピソードです。その後、化学の課題はいつも電話やプリントで事前に連絡してもらえるようになります。

この先生の「科学の歴史」の課題では、生徒からの質問が八木さんにひっきりなしに来るようになり、同じ質問が何度も繰り返されることや、先生が用意したプリントが辞典・事典の使い方を教えるのに最適と思われることから、相談の結果、利用指導のための時間を学校司書がもらえることになりました。科学史に関連した図書の紹介、百科事典の使い方（索引の説明など）・関連したほかの専門辞典の紹介などを、演習も交えておこなっています。その後も、生徒は調べながらわからないことを質問してきたそうです。「1時間授業をしていることが学校司書に気やすく質問できる雰囲気を作り出しているようで、学校という場では学校司書も必要に応じて利用指導の授業をしていくことが、大勢の生徒と親しくなっていく方法なのかもしれない」と、八木さんは述べて

います。また、夏休みの課題「公害研究」でも、公害に関する参考図書の紹介、公害の種類、引用文・出典の書き方について、学校司書が1時間説明をおこなったとのことです。

4 教科との連携——2冊の本

　兵庫県西宮市立高等学校司書（当時）の土居陽子さんが、自身の実践を大阪教育大学教授（当時）塩見昇氏と共著でまとめた『学校司書の教育実践』は1988年に出版されました。この本では、最初に3年生の政治経済の授業の様子が紹介され、こうした教科との連携をどのように実現していったか、その経過を語ることから始めています。

　土居さんが教科との連携を意識し始めたのは1970年代後半からでしたが、最初は何から取り組んだらいいかもわからなかったそうです。とりあえず始めたのは「課題をマークする」ことで、まず夏休みなどの課題を生徒図書委員に聞くことからでした。次に、課題の本を別置しますが、この時点ではタイミングも遅く、十分な資料もないという状況だったそうです。

　『学校司書の教育実践』で特徴的なのは、学校司書が図書館と教科との連携をめざした際に直面する、さまざまな問題をどう乗り越えたかがていねいに語られていることです。この本の最初のほうでは、学校図書館が教師からも、また生徒からもあてにされていない姿が描かれています。教科から課題が出ているのを学校司書が知るのは、当然のことながら課題が出た後、そして生徒から内容を聞くことになります。教師に相談に行っても、「学校図書館で気を使ってくれなくてもいいですよ」と言われてしまうのです。

　課題が出るたびに資料不足を痛感させられるなかで、土居さん

はまず資料の補充を十分におこなうことを自らの「課題」にします。資料補充対策の1つ目は、別置図書リストを作成することでした。たとえば「○○先生のレポートの本」というコーナーを作ります。しかしリストを作成して終わりにするのではなく、作ったリストを持参して、直接その課題を出した先生のところに相談に行くのです。

　担当教師にリストを持参すると、別置以上に図書館の協力しようとしている姿勢が理解され感謝されました。資料補充にかんしても今までは「別置していますのでご覧くださって、他に推薦の本があれば言ってください」という程度のかかわり方だったのを、リストを持参して「この程度では資料が不足ですのでもう少し補充したいと思っています。何か推薦してくださいませんか」ともう一歩踏み込んだ形で相談できるようになりました。リストを持参すると教師はいながらにして図書館の資料状況が把握でき、話もスムーズに運びます。教師はおおむね遠慮深く、具体的な購入希望が出て来ないことも多いのですが、そんな時、司書の方で適当と思われる本をあらかじめ選んでおいて「こんな本を買おうかと思っているのですが……」と相談すると、「それは有難い。是非入れてください」とか、「その本を買うくらいならこの本を……」といった具合に要求をきき出せることがよくあります。具体的な図書を提示することで、司書が"本"に通じていることを認識してもらい、信頼されるのかもしれません。とにかくリストは教師との間を近づけ、対話を容易にする役を果たしてくれました。[15]

　対策の2つ目は、購入システムの見直しでした。選書はそれまで校務分掌図書部で月1回開かれる会議でおこなわれ、どちらか

というと教師主導のものでしたが、教科と連携する場合の特例として、「主任の承諾を得た上で司書が判断し、発注していい」ということにしたそうです。このことは、学校司書の仕事の領域を広げるという点で、大きな意味を持つと土居さんは述べています。

> ほとんど教師主導だった選書のなかに司書の裁量で購入できる領域を獲得したこと、つまり、唯一図書館で利用者と接している私達司書が、利用者の要求をたとえ一部ではあっても、ストレートに反映させた資料選択ができる場をつくれたことは大きな意味を持つことだったと思います。(16)

資料補充対策の3つ目は同じ書籍の複数購入で、これも利用頻度を検討したうえでおこなったそうです。学校図書館の場合、たとえばクラス分のセット、1グループに1冊など、授業の進行に合わせて同じ本を複数冊そろえて使うことがあります。

土居さんの努力で、教科との連携はさらに広がり、1986年度は現代国語・古典・国語ゼミ・現代社会・地理・世界史・日本史・政治経済・社会科ゼミ・生物・保健との連携を実現しています。

『学校司書の教育実践』は、全体として大きく3つ、「教科との連携」「学校図書館における資料提供」「学校司書としての私の軌跡」の部分で構成されています。「学校図書館における資料提供」では、学校図書館が図書館である意味を追求して、予約（リクエスト）制度を導入した経過や、その意義が記述されています。この本もまた、当時の学校司書に大きな影響を与えました。「学校図書館」1989年3月号には、次のような三重県立高校の学校司書の投稿が載っています。

> 一気に読んでしまった。棒線が引かれていないページはな

いほどに、感動で埋めつくされた本だった。（略）
　学校図書館も図書館であるという、しごくあたりまえのことを、つねに心の中で呪文のように唱えていないと、サービスの心を忘れてしまう。指導ということばのまやかしをわれわれ学校司書は見すえていかなければならないと思う。
　リクエストされた本を生徒が嬉々として借り出すときが最高の幸せ、という土居さんと私も思いはまったく同じ。元気をどうもありがとう。あなたに続いていきたい。(17)

　土居さんの本に続くように、1990年に『図書館よ、ひらけ！』が出版されました。この本は、神奈川県立高校の教科との連携事例6例と修学旅行の事例1例を、担当教師と学校司書の双方から記述する構成になっています。この本で特徴的なのは、事例が複数校、複数教科にわたっていること、また学校司書とともに授業を担当した教師が書いていることです。残念なことにこの本は、全国SLAの「学校図書館」誌で取り上げられることがなかったために、現在では学校図書館研究者にさえ知られていない、埋もれた本になってしまっています。とはいえ、当時の図書館関係の雑誌では書評が掲載されていました。

　　とにかく元気の出る本である。学校図書館活動に関する本というと、とかく堅くて真面目でとっつきにくいものが多いなかで、やれるじゃないか、やってみようという気にさせてくれる。
　　神奈川県の高校の先生たちとその図書館の司書たちとの試行錯誤の共同作業の中から生み出された貴重な実例である。学校図書館を利用しての授業というと読書感想文というクライ過去を思い出すのが世の常なのかもしれないが、本書はそんなイメージをあっさりくつがえしてくれる。例えば数学の

授業と学校図書館がどう結びつくか？　理科の実験や音楽の授業と図書館がどうクロスオーバーしていくのか？　課題図書の読書感想文を書くだけでは国語の授業はつまらない。どうしたら過去の人間の生きざまを伝えてくれる言葉に出会えるか、図書館はどうしていけばよいのか。

　具体的にそもそもの着想からその過程、生徒達が学習した結果や反応・感想などが生き生きと描かれている。学校図書館と学校司書を「発見」した教師が率直にその反応を伝え、またその要望や期待を受けた学校司書もまた素直である。うろたえたり、とまどったり。でもここが司書の腕の見せどころとばかり多大なる熱意をもって教師の要望に応えている。その努力には脱帽である。

　（略）

　こういった授業を受けた生徒達はつくづくうらやましいと思う。もっともっとこんな授業を受けられる中・高校生が増えればいいと思うし、またそうでなければならないのではないだろうか。

　（略）

　本書の中で音楽の授業の一環として、邦楽についてグループでテーマを決め、レポートを書いた例がある。伝統音楽を選び、資料を探す。それだけでは足りなくてフィールドワークを行う。図書館での情報を基に図書館を飛び出していくのである。そこで出会ったのは地域の大人達であり、今まで知らなかった世界である。地元の歌舞伎を見に行って入らないかと誘いを受けたり、学校生活だけでは体験できないことを実感して教室にもどってくる。教科書や課題図書を読んでまとめるだけではまず出来ないことであろう。図書館で知的好奇心を刺激され、次にどうすればいいのかを誰かに助けてもらって行動する。ここでいう誰かは教師かもしれないし、司

書であるかもしれない。だが、どんな資料をみればもっと多くの情報を得られるのか、それを最大限に知りうるのは司書のはずである。⁽¹⁸⁾

　ここで紹介されている日本音楽の授業事例は、私が神奈川県立座間高校時代に音楽の先生とおこなったものです。この授業連携では、図書館・図書館資料を必要とする授業のあり方について、さまざまなことを学びました。学校司書としての私自身が、この音楽の先生に育てられた一面がありました。八木さんのレポートにあるように、生徒が調べる授業の最初に、学校司書としてガイダンスをおこなうことを実現できたのも、この授業でのことでした。

　私はこの本の編集にあたった図書館教育小委員会の一員でもあり、どの実践事例を選ぶかについて委員のメンバーと話し合いを重ねました。実践が難しい受験校のうえに図書館と連携する教科としては珍しい数学の事例、何校かにわたって図書館との連携を繰り返した理科の先生の事例、教師や司書に高度な能力が要求される事例、それから読んだ人に、自分もちょっとやってみようと思ってもらうために、新米司書の事例も取り上げることにしました。

　司書に高度な能力が必要とされる事例としては、学校司書の有吉末充さんがおこなった理科の授業でのオリエンテーションがあります。理科Ⅰのレポート学習に対して、作成した図書・新聞・雑誌にわたる資料案内、情報源の種類によってその情報の性質そのものが異なることの説明、さらにはレポートのまとめ方についても、プリントを作成している、という内容のものです。有吉さんは当時から情報リテラシーを意識して、学校図書館のやるべきことを考えていました。1998年に『図書館利用教育ガイドライン――学校図書館（高等学校）版』⁽¹⁹⁾が発表されますが、有吉さん

はこのガイドライン「学校図書館（高等学校）版」をまとめた学校図書館作業委員会の一員になっています。

『図書館よ、ひらけ！』の作成では、編集や執筆に関わった先生方の協力も忘れることはできません。学校図書館の意義や役割を理解してくださり、さまざまな点で力強い支援をしていただきました。

5　予約制度導入へ

　子どもたちの読む自由・知る自由をより積極的に保障する方法として予約制度を導入することは、ある時期の学校図書館の課題でした。学校図書館に予約制度を導入することが難しかった要因の一つは、学校図書館に入れる本は学校図書館にふさわしい本、つまり良書でなければならないという考え方が根強くあったことです。さらに、学校図書館に入れる本の選定は、資料選定委員会（または資料選択委員会、選書委員会など）を組織しておこなうとされていました。校務分掌図書部が資料選定委員会を兼ねるという方法もよくおこなわれていました。

　先に土居陽子さんが、教科との連携を実現するために、特例として、司書が判断して発注していいという例をあげました。私自身、教科の課題に対応して必要になった本を購入できる緊急用予算枠を当時の図書部に認めてもらい、その予算枠での選書は実質的に学校司書がおこなうことができるようになったという体験をしています。このように、ある時期までの学校図書館は、学校司書の判断による選書を正式には認めていませんでした。土居さんの場合もそうですが、教科との連携をきっかけとして、学校司書の判断での選書ができるようになり、その後予約制度の導入に取り組んでいます。予約制度の導入は、学校司書の判断で選書がで

きるようになる段階を経なければ実現できなかったということでしょう。

　学校図書館への予約制度の導入について書かれた最初の記事は、調べたところ、おそらく「学校図書館」1982年6月号の岡山市立中学校司書宇原郁世さんの「廃物利用のかずかず」[20]と思われます。その次が同誌1984年8月号三重県立高校の岡邦雄さん（学校司書と思われる）の「予約制度を試みて」[21]、そして1986年2月号には、第1章にあげた三重県立高等学校司書西岡博子さんの「予算の5％をリクエスト図書にあてる」の記事があります。岡さんの記事がまだ「短期間の実践」報告だったのに対し、西岡さんは予約制度を取り入れた後に学校司書が直面する悩みを率直に書いています。

　　だからリクエストぐらいはしなければ、と思って"図書館で買ってほしい本を書きなさい"というアンケートをとったり（ある日突然こんなことを聞かれて、生徒は何を答えられるだろうか）、形ばかりのリクエスト用紙を置いてみたり（どうせくだらない本が多いんだ、ろくでもない本なら買わなければいい、といった態度でいる限り、生徒がリクエスト用紙を利用するはずはないのに）と、いろいろな愚行を繰り返してきた。そして本質的な誤りに気づかずに、利用が少ないと嘆いてきた気がする。
　　また、リクエストされた本の購入を決めるには何度も頭を抱えてきた。流行の本、タレントの本、くだらない本、マンガ本、一人の生徒ばかり同じような本をリクエストしてくる、やたら冊数の多いシリーズ本。本校では一時期、図書委員にその選書をさせていたことがある。これこそ愚の骨頂であった。図書館にふさわしい本を選びなさい、といわれても、読んでもいない本を経験もない生徒が選べるはずはないのに。

それにしても、いったん利用者が読みたいといって希望した本を図書館が選ぶというのは、いったいどういうことなのだろう。
　たとえば、生徒は流行の本、タレントの本が読みたいし、たまたまリクエストの制度が図書館にあると知っているから希望を出す。買ってもらえるかどうかは半信半疑ながらも。それを図書館が、内容が悪い本、図書館にふさわしくない本だと選書してしまったら、生徒の読みたいという意思、自主的な読書意欲はどこへいくのだろうか。古今東西の名作がどれほどすばらしくても、今その子にとっての適書であるかというと、また別問題だと思う。図書館担当者がくだらない本だといっても、彼らにとって今読みたい本、適書であるかもしれない。また、より良い読書人として育っていくためには、自分にとっての良書を選んでいける能力を身につけなければならない。そのために、さまざまな発達段階に応じた本が図書館にあることは必要なことだと思う(22)。

　この文章には、従来の学校図書館の子どもの読書に対する考え方と明らかに違う考えが述べられています。「子どもにはいい本を」という良書主義的な考え方ではなく、その子に応じた適書を、という考え方です。
　土居さんの『学校司書の教育実践』には、予約制度の導入までの道筋についても書いています。土居さんが予約制度を始めたのは1983年度からだそうです。

　　貸出しの少ない理由を探って生徒図書委員や常連に意見を求めると、「面白い本が少ないから」というのが大方の答でした。彼らは「学校図書館やからしゃあないけど……」と割り切っていましたが……。そして私達にも"学校図書館だか

ら"という意識が常にありました。"学校図書館"のあるイメージが固定化され、当然視されるなかで、生徒の要求が届かない図書館になっていることに長いあいだ気がつかなかったのです。それは「購入希望図書」の制度がありながら、ほとんど要求が出て来ない状況であったことでも明らかでした。(23)

こうしたことから、土居さんは予約制度の導入を開始します。当初は、「返却待ちの本の取り置きと、購入希望図書の要求をきちんと受けとめること」から始めました。しかも購入希望図書に関しては、1件1件図書部会で検討することになっていて、そのうち月1回の部会ではこなせなくなり、部会を2週間に1度のペースで開くことになりました。しかし、予約サービスは難航します。

　部会で一枚いちまいのリクエストカードを前に購入を検討するとき、ともすれば"こんな本"という空気が流れます。そしてその本を購入することを強力に主張すると、まるでその本を私が推薦しているかのような錯覚に陥り、軽蔑されたような気持になるのでした。もちろん、私はその本を軽蔑する気はありませんが、かといって「とてもいい本だから入れましょう」と言っているわけでもなく、ただ「生徒が読みたがっている本なのだから入れて欲しい」と言っているだけなのです。が、部会の雰囲気に押されて思わず黙ってしまったことも何度かありました。"生徒が読みたがっている"というだけでは購入の決め手にはならず、他に何か図書館に入れるだけの理由が必要といった雰囲気がありました。(24)

そのような状態で4年弱、図書部会で予約を検討していきますが、「予約の選書を司書に委ねて欲しい」と申し出て、「生徒の希望はできるだけ尊重するという最初の主旨に沿って司書2人で検

討し、それでも迷ったり決めかねるときには部会で相談するということで了承を得」ます。「結局、カウンターで直接生徒と接し、資料を手渡すことを日常的に行っている者にしか、資料提供の重要さや予約に応えたいという気持はわからないのではないか」(25)と考えるようになったのです。

　土居さんや私のように図書部という校務分掌のなかで、司書による選書を少しずつ実現していった学校司書がいる一方で、最初からほとんど任されていたという学校司書もいます。その場合は、往々にして学校のなかで図書館に対する関心が低く、必要な協力体制を得るのに苦労しがちです。

　土居さんは予約制度の導入で学んだこととして、次の点をあげています。読みたい本があれば生徒は読む、生徒は図書館の姿勢に敏感に反応する、生徒の予約に教えられる、蔵書が予約を呼び予約が蔵書を変える、という4点です。特に3点目の「生徒の予約に教えられる」については、司書自身の思い込みを反省させられる経験をすることになります。

　　私自身はその本から感動を得られなかったとしても、読む生徒によっては同じ本から大きな生きる糧を得ていることもあります。数年前、読書会で『アウトサイダー』(E.S.ヒントン著、集英社コバルトシリーズ)をテキストにした時、生徒がその本からいかに多くを感じていたかを知って（私達はたいして評価しておらず、むしろテキストにするのは反対だった）私は目からうろこが落ちる気がしました。同じような経験は何度かあります。(26)

　神奈川県の学校司書も予約制度の導入に取り組みました。『図書館よ、ひらけ！』のときのように、神奈川県の場合は、互いに協力しながら、というのが特徴のようです。「学校図書館 de 予

約します!! 決定版〔27〕」という小冊子にその取り組みがまとめられています。予約制度がなぜ必要かという視点から始めて、それぞれがどのように予約を導入したか、その結果どうなったか、何がわかったかという体験記が書かれているほか、導入のための職員会議資料、必要な予約用紙、連絡カード、お詫びカード、PR用プリント、オリエンテーション資料など実際に使用した資料を公表し、1冊にまとめています。この小冊子のなかに、生徒図書委員による選書会にふれた部分があります。司書の判断による選書ができない時期、生徒の希望をできるだけ尊重した選書を実現しようと思えば、いちばん実現しやすい方法は生徒図書委員による選書会になります。生徒の自主的な活動として学校図書館の選書を生徒がおこなうほうが、先生方の理解を得やすかったのです。そしてこの方法は、予約の実現のための段階的なステップだったと、当時の私は書いています。

　予約制度を導入してわかったことは、生徒のほうがよく知っている本のジャンルがあるということです。質問をすると、生徒はいろいろなことをうれしそうに教えてくれます。これが購入する本を決める際に役に立つのです。また、置いてある本が生徒とのコミュニケーションを円滑にし、まじめなレファレンスの質問に発展することもあります。こうしたことも、利用者との信頼関係につながっていくのです。

6　図書館サービスに徹する

　第3章第4節「学校図書館の図書館サービスとは」で取り上げた岐阜県立高校の司書、小池静子さんもまた、その実践と言葉を通して各地の学校司書に大きな影響を与えました。彼女の図書館づくりとその背景にある学校図書館についての考え方は多くの人

を引き付け、自らの学校図書館に対する見方の見直しを迫られることになりました。たとえばこんな言葉があります。

　　一番最初に私がやったことは、出入り口のドアをガラガラッとこう開ける。図書館も非常に狭かったんですが、やはり客はいないと寂しーなーというのが、私の気持ちでした。図書館の仕事をしていて、あーやっぱりみんな来てくれて、楽しく、いろんなことを話したり、本見たりしてくれるといーなーという、こういう非常に単純な思いです。これが私の原点なんですね。
　で、何をしたかというと、ドアに「いらっしゃいませ」と書いたんです。「いらっしゃいませ」──この一言が始まりのもと。(略)
「キャーハハハハーッ」てね、笑うんですよ、女の子たちが。「いらっしゃいませやってよー。まるで店みたいやな。ここの今度来たヤツはちょっと頭おかしいんでねーかー。」よー聞こえるんですよ。そんなわけで、それが最初です。(28)

小池さんは1986年、学校図書館問題研究会第2回全国大会で「貸出を伸ばすことの意味──2年間の実践から」と題する実践報告をおこなっています。「いらっしゃいませ」を掲げ、「お客さま」のいらっしゃるときは必ずカウンターにいる、返却する生徒に「ありがとう」を言う、そのように貸出を大事にすることを始めて、貸出冊数が伸び、レファレンス・サービスが多くなった、その時点での思いを語っています。そしてその6年後、小池さんは貸出について、次のように述べています。

　「量は質を変える」
　　本当に貸出が重要なんだ、と司書や図書館担当者は思って

いるんだろうか――。このテーマで原稿依頼を受けた時、先ず思ったことです。「やさしくて親切なお姉さんがいて、読みたい本がじゃんじゃん読める。それって貸本屋とどこが違うんだ？」という意見を私は直接ぶつけられたことが何度かあるし、言わなくても思っている人は非常に多いと思うのです。つまり、貸出の多さより、もっと大切なモノがあるはずだ。量より質、という思い。このことをはっきりさせないと、貸出を伸ばす、というテーマは前へは進まないと思う。それも私は、貸出を伸ばすことは最も重要だと思っていて、その根拠を明確にすることが、これはとても難しいことだけれど、何度でもくり返し研究すべきだと思うのです。さて、この「もっと大切なモノ」は、やっかいなことに実は貸出が伸びてきて、初めて見えてくるんですね。これは大いなるパラドックスであるわけで、だから動きの無い図書館では本当にわかりにくいことなんです。そこでとりあえずは、なにはともあれ理屈抜きで、貸出を伸ばすことに意識的にエネルギーをそそいでみたらどうだろうか、と提案したいと思います。動きの無い図書館におけるその大切なモノは、それは司書や教師の頭のなかに描かれる幻想にすぎない。と私は言い切ってしまいたい。なぜなら私自身が幻想にすぎなかったのだと身をもって知ったからなんです。その幻想のいくつかは、たとえば「立派な内容の本をたくさん読んでくれるに違いない」とか「読んでも内容の薄っぺらなモノでは何にもならない」とかに代表される、今思えば冷汗の出る独善的なこちらの勝手な価値観にもとづいたモノだった。つまり「量より質」だったんです。この言葉は、学校現場では当然の教育的配慮をバックボーンに、我々司書の頭の中にも根強くこびりついているのです。しかし今私は断固「質より量だ！」と声を大きくして叫びたいのです。そればかりか、とくに学校図書館で

は最も大切なことだと確信したのは、「量は質を変える」——という弁証法の原則が確実に実感としてつかむことができたからです。

　動きだした図書館——。これは一言で表現しようとすれば、「生徒主体の利用者のための図書館」ということになると思います。
⁽²⁹⁾

小池さんが図書館サービスに徹し、自分なりに仕事をしようと決めたことは、結果的に図書館のあらゆる部分の形を変えることになりました。利用者の手をわずらわせない貸出・返却の工夫、カウンターに置いた司書を呼ぶベル、発泡スチロールのカラーパネルを使った色鮮やかなサイン、利用者の動線を意識した書架や机、椅子の配置、居心地のよさを追求した観葉植物や小物・装飾、そして、耳をすますと聞こえてくるBGM。

さらに、図書館は本や資料が主役であるとの考えから、いくつものテーマ別コーナーが設けられました。入り口すぐには進路コーナー、カウンター前から奥の書架へ導かれる通路（メインストリート）沿いには旅行案内、クッキング、映画化・テレビ化された本、わかりやすい古典のコーナー、裏側の場所に校内資料、ブックレット、コミック、また壁面に沿って各種辞典（ちょっと調べる）、飛騨の本、環境、釣り、奥の書架脇にはペットの本、絵本を含む外国語、クイズの本、窓際に恐竜コーナー、といった具合です。さらに一般書架もスペースを作ってテーマ別の展示をしています。『源氏物語』や日本文学作家別コーナーです。一般書架の人目につかない場所に設けられたゲイ文学コーナーを見つけたときにはうなってしまいました。ゲイ文学とは、同性愛のなかでも特に男性同性愛をテーマにした文学です。本を読む人の心理をつかんだ、本との出合いをうまく演出する配置だと思いました。

　小池さんの図書館のレイアウトは、入り口から自分の行きたい

ところに自然に「流れていってしまう」図書館だと表現した人がいました。それぞれの要求に応じて本が呼んでいるような図書館だというのです。呼ばれて何か見つけて、そこに落ち着いてしまう図書館。狭いスペースに椅子があるのもじょうずな仕掛けになっています。

ここまで紹介したのは常設のコーナーですが、季節ごとのテーマや教科との関連で一時的につくるコーナーもあります。クリスマスの本、人権の本、作家特集などがそれにあたります。カウンター脇にある新聞切り抜きコーナーは、訪れた司書全員がうなってしまうコーナーでした。新聞の切り抜きファイルは、司書にとって時間も手間もかかる大変な作業です。1998年発行の『教育を変える学校図書館の可能性』には、編集委員会による斐太高校訪問の記事があり、その時点で66テーマ、192冊のA4クリアファイルが並んでいると書かれています。

その結果できた図書館は、1日の入館者が500人から600人、貸出は120冊から130冊、年間の生徒1人当たりの貸出冊数が24.7冊という、高校では考えられない貸出冊数になっていました。昼休みの利用を示す映像を見ると、図書館内は生徒でいっぱいです。席についている子もいますが、本棚の前で本を手に取って立っている子、床に座り込んでいる子、カウンターを取り巻いてそれぞれの用をすませている子など、さまざまです。小池さんはいつも誰かに話しかけられています。質問のある子が列をつくり順番を待っていますし、ただ小池さんと話したくてまわりで様子をうかがっている子もいます。小池さんの図書館は全国から見学者がやってくる図書館でした。

小池さんの実践のすばらしさは数え上げればきりがないのですが、あと2つだけあげてみます。1つは、図書館の運営方針に「図書館の自由に関する宣言」を入れたことです。1993年のことですが、これを入れることは数年来の夢だったと当時の小池さん

は語っています。参考までに、この運営方針の一部を次に記しました。

1. 基本方針
○　先ず運営の基本方針として、「図書館の自由に関する宣言」（内容は後尾に掲載）の意図するものを尊重した運営を心がける。なぜなら学校図書館も、公共図書館に比して、図書館であり、またこの宣言は教育としての図書館活動を行なっていく上での基本をなすものと解釈するからである。
○　上記の基本理念に立って、学校図書館の特徴をふまえて運営に当たる。つまり、成長期の高校生に対して、活字・絵・映像・音響等による文化的情報の提供により、幅広い人間性を養う機関として、また生涯学習の基本的な姿勢を学ぶ場としての認識を持って運営に当たる。これらを「図書館サービス」を主体とした方向で行なう。(31)

　小池さんの学校図書館はマンガを置いていました。それも当時の学校図書館が敬遠しがちだったコミックスを置いていました。マンガは、いまでも学校図書館に置くべきではないとして、やり玉にあげられがちですが、利用者が求める資料、生徒たちが読みたい本を提供しようとするなら、学校図書館にとって大事な資料だと考えたのでしょう。このことは、マンガについての扱いに悩んでいた学校司書にとって、勇気を与えるものでした。
　コミックスを書架に出す前に大型のホッチキスで補強する事前製本をおこない、コミックスに市民権を与え、一般の本と同じ扱いをする、それは図書館の側がマンガを大事に考えていると伝えることでした。ときには生徒に対して「コミックコーナーを生かすも殺すもあなたたち次第」と訴え、先生からの苦情にはひたすらおわびして頭を下げます。マンガの場合、無断持ち出しもあれ

ば、紛失も起きます。放課後の教室を回って、無断持ち出しや置きっぱなしになっているマンガを回収することもします。学校図書館にマンガを置くことは、それなりの覚悟と力量が要求されることでした。

　学校図書館が図書館であることを具体的に目に見える形として伝えてくれたのが、小池さんの実践でした。そして図書館サービスを担う学校司書のあり方も、また示してくれたのです。

7　高校の学校司書の実践

　高校での学校司書の図書館実践の流れは、学校図書館司書の専門性を追求し、構築していった歴史として見ることができます。1960年代から90年代の実践をこれまで詳しく紹介したのは、学校図書館が図書館であることの意味、学校司書が果たす役割を考えるうえで参考になるといま改めて思っているからです。また、高校の学校司書が蓄積してきた実践が、高校の学校司書の間では知られていても社会的に知られることがなく、研究者でさえ知らないという事態であることを知ったからでもあります。

　2000年以降も、高校での学校司書の実践はさらに進んでいきます。教科との連携は、教科との協働授業、あるいは教科とのコラボレーションという形で、教師とともに授業づくりがおこなわれています。計画の段階から関与し、資料を準備するだけでなく、生徒の活動に対して図書館の側から授業のためのワークシートを作り、その使い方を説明する、そして教師とともに授業に参加するという実践です。図書館をどうつくるかという点でも、サインづくり、展示・掲示、書架や机・椅子の配置といったレイアウトの工夫など、各地で司書の実践が見られます。

　ここでは、実践の歴史の流れを追うのではなく、2000年代に

入って新しく登場した高校の学校司書による小・中学校図書館への支援活動と、神奈川県立高校の松田ユリ子さんの実践を取り上げようと思います。高校の学校司書による支援活動の一つは、熊本県での学校図書館支援キャラバン活動です。はじまりは03年、当時県立図書館勤務だった小林美紀子さんのもとに町の教育委員会から電話があったことがきっかけでした。「図書館担当になった先生が何をしていいのか分からないで困っている、ついては県立図書館でそのサポートができないか」という相談でした。この相談は、県立図書館に支援体制があるかどうかというものでしたが、急ぎだというので学校図書館問題研究会熊本支部の会員と相談して、その小学校図書館に行くことになったそうです。そのときは、新しい部屋に移動したばかりで、運び込んだままになっている書架や机の配置を決め、大きな机に山積みになっている本を並べるということを2回にわたっておこなっています。

2007年の学校図書館問題研究会三重大会では、実践報告としてこのキャラバン活動の報告がおこなわれました。このときには、事前に該当の学校に2種類の調査票に記入してもらい、当日はミーティング、図書館家具の移動、図書の分類、見出しの作成、展示・掲示、廃棄図書の提案などをおこなっています。学校図書館問題研究会熊本支部の会員は、必ずしも高校の司書ばかりというわけではありませんが、主力は高校の司書です。キャラバン活動は1回限りのことが多く、継続した運営を図書館係の先生におこなってもらうためにわかりやすいマニュアルが必要だということで、05年には「楽しい学校図書館作り支援マニュアル」を作成しています。さらに、見出しサンプルの作成もおこなっています。[32]

このような高校の司書による小・中学校図書館の支援活動は、各地でおこなわれています。たとえば2010年に島根県教育委員会が研修用に作成した『学校図書館大改造――教職員の協働による学校図書館の整備』(島根県教育庁義務教育課)というDVD

では、県立高校の学校司書が小・中学校図書館の改造に参加している姿を見ることができます。また学校図書館問題研究会神奈川支部は、ここ数年「学校図書館キホン講座」と題して、小・中学校の図書館の司書向けの講座を開催しています。

　松田ユリ子さんの実践は多岐にわたっていて、その全体像をつかむのはなかなか難しいです。ここで取り上げるのは、青春相談室「田奈Pass」と「ぴっかりカフェ」の取り組みです。「田奈Pass」が始まったのは2011年6月、若者就労支援の相談員2人が週1回学校に来ることになりました。そのときに、相談員が交流相談の場所として選んだのが図書館でした。個室でおこなう個別相談だけでは、相談員の顔が見えにくい、生徒にとって相談に行きにくい、日常的な交流のなかから自然と生まれる相談をめざしたときに、ふさわしい場所が図書館だと考えたそうです。その申し出を松田さんは快諾します。松田さんはこれについて次のように話しています。

　　図書館が「交流相談」の場となったのは、相談員が視察のために来校した際に、図書館が「交流相談」に最も相応しい場所と考えたからです。「交流相談」の意図するところは、まず生徒と相談員の関係づくりを行い、生徒の潜在的ニーズの発見と課題の早期発見につなげるところにあります。10代の若者は、見知らぬ人に自ら相談しに行かない傾向があり、また、それ以前に、自分たちが「相談」すべき課題を抱えているという自覚すらない場合がとても多いのです。ですから、生徒と自然と出会える場所の選定は、とても大切なことなのです。ぴっかり図書館は、その要件を元々備えていました。良いロケーション、明るく居心地がいい雰囲気、自然と文化的シャワーを浴びることができるさまざまな資料、生徒も教職員もよく出入りしていて人と人の交流がある。こんな場所

なら外部相談員がいても違和感がありませんし、生徒と自然に出会うことが出来ます。お話を頂いたとき、「いいよ！」と即答しました。学校図書館の可能性がさらに広がることを確信したからですし、もし何か問題が起こったら、その時に考えればいいことだからです。

「交流相談」の手法は効果を上げました。交流相談から個室でおこなう個別相談につながった例、また週1回相談員と司書が顔を合わせて情報交換をすることで、課題を持つ生徒の発見につながった例がありました。青春相談室「田奈Pass」の取り組みは、予算がつかなくなり2013年度で終了しました。そして14年12月から「ぴっかりカフェ」の取り組みが始まりました。相談員と学校側が協力して運営資金獲得に動き、週1回木曜日に学校図書館がカフェとしてオープン、在校生や卒業生の居場所となります。運営にあたるのはNPO法人パノラマですが、地域の支援者からお菓子やジュースが提供されることもあります。この学校図書館の活動は、就労支援のための交流相談の場としてだけでなく、学校の枠を超えて地域と結び付くなど、学校図書館の可能性を示す、広がりを感じさせるものになっています。松田さんは実践報告の場で、学校図書館の「ひろばの機能」をあげています。

　2000年以降、高校の学校司書の正規職員は減り続けています。学校図書館が図書館として機能する、子どもたちの学びを支える、子どもたちの読書やメディア体験を豊かにする、人と人の交流・表現・創造を生み出す場にするには、学校司書が学校の教職員の一員であることが必要です。これ以上、非正規職員化が進行することはなんとしても止めたいと思います。

注

（1）前掲『学校教育と学校図書館 新訂3版』70ページによる。もとの文献は文部省編『日本における教育改革の進展——文部省報告書』（文部省、1950年）。

（2）前掲「大阪府立高校における学校図書館の実態」25—31ページ

（3）文部省調査局統計課による調査。調査対象は公立の小学校・中学校・高等学校・特別支援学校・私立の高校となっていて、公立小・中・高等学校を対象とした。配置率は筆者が算出した（人数÷学校数）。前掲「学校図書館調査の解説」35ページ

（4）全国SLA全国悉皆調査。調査対象は公立の小学校・中学校・高等学校。配置率は記述があった。前掲「学校図書館職員調査について」31ページ

（5）増田幸枝「学校司書のレファレンスサービス」「学校図書館」1960年9月号、全国学校図書館協議会

（6）山形県高等学校図書館協議会飽海支部司書部会「学校司書とレファレンス」「学校図書館」1964年8月号、全国学校図書館協議会

（7）前掲「学校司書のレファレンスサービス」16ページ

（8）同記事18ページ

（9）前掲「学校司書とレファレンス」44—45ページ

（10）遠藤英三「参考業務夜明け前　第236分科会 レファレンス・ワークの方法／高等学校」「学校図書館」1974年10月号、全国学校図書館協議会、43ページ

（11）同記事44ページ

（12）川田清子「全校一斉のLHR読書会」「学校図書館」1975年4月号、全国学校図書館協議会

（13）川田清子「教科学習と結びついたレファレンス——工業高校における実践」、前掲「学校図書館」1976年11月号

（14）川田清子「ゆとりある教育と学校図書館22　教科における学校図書館の活用——静岡県立掛川工業高等学校」「学校図書館」1979

年12月号、全国学校図書館協議会
(15) 前掲『学校司書の教育実践』37—38ページ
(16) 同書39ページ
(17) 堀本孝子「『学校司書の教育実践』を読んで」「学校図書館」1989年3月号、全国学校図書館協議会、58—59ページ
(18) 井上靖代「書評 図書館よ、ひらけ！ 授業いきいき学校図書館」「図書館界」第43巻第1号、日本図書館研究会、1991年、23ページ
(19) 日本図書館協会図書館利用教育委員会編『図書館利用教育ガイドライン —— 学校図書館（高等学校）版』日本図書館協会、1998年
(20) 宇原郁世「廃物利用のかずかず」「学校図書館」1982年6月号、全国学校図書館協議会
(21) 三重県立桑名西高等学校「予約制度を試みて」「学校図書館」1984年8月号、全国学校図書館協議会。文末に文責として岡邦雄とある。
(22) 西岡博子「予算の5％をリクエスト図書にあてる」「学校図書館」1986年2月号、全国学校図書館協議会、27—28ページ
(23) 前掲『学校司書の教育実践』104—105ページ
(24) 同書110ページ
(25) 同書113ページ
(26) 同書121ページ
(27) 「学校図書館 de 予約します!! 決定版」学校図書館問題研究会神奈川支部、1991年
(28) 小池静子「実践記録1 みんなで楽しい図書館を作ってしまおう」、学校図書館問題研究会編「がくと」第15号、学校図書館問題研究会、2000年、112ページ
(29) 小池静子「量は質を変える」「学図研ニュース」1992年2月号、学校図書館問題研究会、1ページ
(30) 学校図書館問題研究会編『教育を変える学校図書館の可能性 ——子どもたち一人ひとりが主人公』（「みんなの図書館双書」第10巻、「司書のいる学校図書館」第2巻）、教育史料出版会、1998年

(31) 1994年8月18日全国SLA第14回学校司書全国研究集会時の実践発表「生き生きとした図書館活動を進めるには」(小池静子)の付属資料から。
(32) 小林美紀子「実践報告1 司書が行く！——学校図書館支援キャラバン活動の報告」、学校図書館問題研究会編「がくと」第23号、学校図書館問題研究会、2007年、27—36ページ
(33) 松田ユリ子「実践報告Ⅱ ひろば論再考——潜在的ニーズを未来のリクエストに育てるために」、学校図書館問題研究会編「がくと」第30号、学校図書館問題研究会、2014年、50—51ページ

コラム2　学校図書館の日常

　レファレンス記録をつけることは大事なことです。それとは別に、学校図書館に司書がいることの意味を伝えるためには、図書館で司書と利用者がどのようなやりとりをおこなっているかがわかる資料が必要です。
　神奈川県学校図書館員研究会相模原地区は、2009年から10年にかけて高校の図書館でのやりとりを記録する取り組みをしました。そのなかから一部を紹介します。

女子生徒：「あいしてます」ってなんですか？
司書：???
入り口の「あいてます」の表示のことだった。

昼休みカウンターで、2年女子に。
司書：返却日過ぎてるよ、返してね。
生徒：お父さんとお母さんが読んで、いま、弟が読んでいるの。もうちょっと待って！（東野圭吾の本）

放課後カウンターで、『1Q84』を返しに来た生徒
生徒：親父がずっと読んでいて1行も読めなかった。

期末試験最終日、3年男子生徒2人
生徒Ａ：本借りていこうかなー、ちょっと待って。
生徒Ｂ：なくすと弁償だよ。オレ、基本モノなくす人間だから、図書委員だけど一度も借りたことがない。
司書：（結局、説得されてしまった。）

放課後、当番ではない生徒
生徒A：（返却本の山を見て）〇〇、この文庫本を片づけたほうがいいと思わない？
生徒B：いやー、気づいてたんだけどね。見て見ぬふりをしようと。
生徒A：ここは片づけるべきでしょう。
生徒B：やりますか。
司書：なんかさあ、君たちにこうしてもらってさ、こういうのが当たり前に感じてきたら、俺、次の職場でやっていけないよね。
生徒A：いえいえ。
司書：まあでも、俺の人格のおかげとも言えるしね。
生徒B：そうですよ。
司書：いやいや。

生徒A（よく来る天然系音楽専攻の女子）：なんか、しんみりする本ないですか〜？
司書：う〜ん、しんみりかー。これしんみりした気がする（よしもとばなな『デッドエンドの思い出』文藝春秋、2003年）。そしてこれはうちの学校ではなぜか紛失率が高くて、私のときだけで3回買った…。
生徒A：あまりにもよくてほしくなっちゃうのかなあ？ じゃあこれ読む。（手続きしながら）こないだ市立図書館で同じ質問したら「は？」って言われちゃった〜。
司書：え？ しんみりって？
生徒A：うん！
司書：職員の人と顔見知りなの？
生徒A：イヤ、初対面。
生徒B：アンタ、よくそんなこと聞けるね！

コラム2　学校図書館の日常

生徒A:だって先生(司書のこと)いっつもすぐ教えてくれるじゃん。図書館の人ならわかると思ったの!
司書:あたしは若者の唐突な質問に慣れてるからさ。アハハハハ…ビックリしちゃったのかなあ。司書はそれが仕事なんだけど、その人、司書じゃないかもしれないしね。
生徒B:っていうか、アンタちょっと恥ずかしい。
生徒A:何でよ〜!
(出典:神奈川県学校図書館員研究会相模原地区『日常のやりとり@highschool_library2009—2010』(相模原地区発表おたのしみ付録)神奈川県学校図書館員研究会相模原地区、2010年)

　生徒向けの図書館だよりとは別に、先生に図書館の役割や利用の様子を伝える教職員向けの図書館だよりも重要です。神奈川県立高校の司書山田恵子さんは、先生向けの「おとなの図書館通信」(月1回発行)に生徒の様子を書いて伝える試みをしています。そのなかから選んでまとめたのが『笑う学校図書館』『笑う学校図書館2』です。

カウンターで
・いつも無表情に最低限の会話で本を借りていく男子。顔パスで生徒番号入力して貸出したら、
「覚えてくれてるんですか? うれしい…」。笑顔が!
・カウンター前でウロウロと挙動不審な男子。「何か借りる?」と声をかけると、「借りられるんですか?」、パーッと笑顔に。なんで借りられないと思ったんだろう。
・「「LINE」に登録して、借りたい本が来たら知らせてほしい」。個人情報保護的にちょっと。
・貸出手続き中。「〇〇さんですね」「名乗るほどの者ではありません」。本を渡すと「かたじけない」。侍か。

生徒の質問
・3年生の常連。1年生のときに初めて借りた本が知りたいというが、もちろん記録はない。
・「2冊読みたい本があるけど両方は無理なんで。どっちがおすすめ？」「スカッとしたかったらこっちで、キュンキュンしたかったらこっちかな」
・「なんとか治(おさむ)って人の本」を探しに。いろいろ情報を聞き出して探し当ててみたら「黒澤哲(さとる)」でした。1文字も合っていない。
・人探し。「いつも来てて髪が短くてメガネの子来てない？」。そんな子いっぱいいるので、名前で聞いて。
・「母がなんとかのなんとかって本を読みたいって言ってたんだけど」「もうちょっとヒントちょうだい」
・常連の教員の姿を見て、「あの先生何借りてんの？」。「図書館の秘密だから教えられません」「そうなの？　初めて知った」「本人に聞けば？」「俺、嫌われてるから。どうせ読んでないでしょ。司書さんと話しに来てるだけでしょ」

生徒の声
・借りる本を5冊以内に収めるために「世界平和をあきらめる」と。あきらめた本が『平和をつくった世界の20人』（ケン・ベラー／ヘザー・チェイス、作間和子／淺川和也／岩政伸治訳〔岩波ジュニア新書〕、岩波書店、2009年）。
・1年の情報の授業で情報の信頼度の話をした。隅で聞いていた3年生。「Wikipedia」は信用できない。そこしか調べないけど」
・教室に入れなくて保健室登校の子。「マンガが借りて、続きを借りるためという学校に来る気力をつくる」。その後、担任からも連絡をもらい、毎日のように図書館に通ってます。
・メンズヘアカタログは人気だが、女子からは「野球部が髪形の

コラム2　学校図書館の日常

本見てる。ウケる」。引退したら伸ばしますから。
・リクエストをした翌日には「本、来た?」。いや、ムリっす。
・「リクエストしていい? 自分でも持ってるけど布教用に」。そういうオススメ本は買いますよ。
・『火花』をまだ読んでない子が周りの友人に聞くと、「買った」「買った」「買った」「面白かった?」。全員「よくわからなかった」。

生徒の行動
・男子数人が本を探してさまよっているが、聞いても「探してない」と白を切る。そういうときはたいてい『マンガでわかる肉体改造 美肌・スキンケア編』(〔ヤングキングコミックス〕、少年画報社、2015年)か『マンガでわかるオトコの子の「性」』(村瀬幸浩監修、染矢明日香、みすこそマンガ、合同出版、2015年)。
・「そこに寝たいなー」という女子に男子がソファーを譲ってあげたら、「初対面ですよね。どこ中?」。学年もタイプも違う男女に会話が生まれていた。
・いつも借りに来てるのに、カウンター上のパラパラブックスに年度末にようやく気づいてパラパラ。「ようかんかと思ってた」

聲の形
・マンガリストを見て探していた生徒。「蟹(かに)の声みたいな…」。正解は『聲の形』(大今良時〔週刊少年マガジンコミックス〕、講談社、2013年—)。司書の連想力は日々鍛えられています。
・『聲の形』を友人にオススメ。「読んだあと、テンション下がる。でもすごい考える」
・『聲の形』を見て「「聲(こえ)」って何て読むの? しいたけ?」。「こえ」です。
(出典:山田恵子『笑う学校図書館 —— 司書が見た高校生の日常

(2014年9月号～2015年7月号)』学図研かながわ支部、2015年、山田恵子『笑う学校図書館2 ── 司書が見た高校生の日常(2015年9月～2016年7月)』学図研かながわ支部、2016年)

第5章
小・中学校の学校司書

1 高校と異なる小・中学校の学校司書

　小・中学校の学校司書は、第2章と第4章でもふれたように、学校への配置がなかなか進みませんでした。図10は、小・中学校のデータを取り出して図にしたものです。司書の配置率は1995年でも学校数の14.1％にとどまっています。高校と比較するとだいぶ違うので、高校の配置状況の図を再度あげました（図11）。公費雇用、正規職員、常勤職員、有資格者の率、どれをとっても高校と比べると低い数値になっています。しかしながら、低いとはいえ、95年を過ぎてからは配置率が上昇しています。これは、高校で近年配置率が低下しているのとは対照的です。なお、有資格者率を比較するために先にあげた図とは異なり、有資格者の調査をおこなった2012年調査のデータを使用しています。

　この公立小・中学校のグラフで注目したいのは、1995年、2012年の有資格者の率が正規職員、常勤職員の率をそれぞれの年で上回っていることです。この現象は小・中学校の学校司書の場合、特徴的です。非正規職員だけれども、司書資格あるいは司書教諭資格所持を必要とする採用形態が、近年増えていることがわかります。高校の場合、1995年、2012年の有資格者率が正規職員、常勤職員の率をいずれの年でも上回ることはありません。なお学校司書の有資格者の調査は、1995年が最後で、2012年度

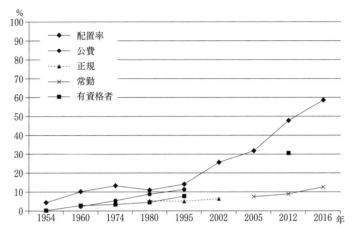

図10 学校司書の配置状況（公立小・中学校）

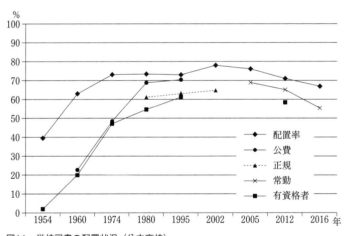

図11 学校司書の配置状況（公立高校）

文科省の「学校図書館の現状に関する調査」までおこなわれていませんでした。

また小・中学校の学校司書の配置状況は、都道府県各自治体に

表2　公立小学校の学校司書配置状況　上位6県

	1980年		2016年	
1位	沖縄県	82.1%	島根県	99.5%
2位	佐賀県	65.1%	山梨県	98.3%
3位	福岡県	43.3%	大分県	95.8%
4位	鹿児島県	41.9%	神奈川県	94.2%
5位	長野県	36.9%	富山県	94.1%
6位	山梨県	32.1%	佐賀県	93.8%

表3　公立中学校の学校司書配置状況　上位6県

	1980年		2016年	
1位	沖縄県	78.6%	鳥取県	100.0%
2位	佐賀県	74.2%	島根県	100.0%
3位	福岡県	66.0%	山梨県	97.5%
4位	鹿児島県	53.3%	沖縄県	95.1%
5位	長野県	50.8%	石川県	91.7%
6位	山梨県	41.7%	岡山県	91.6%

よって大きく異なります。近年、文科省の「学校図書館の現状に関する調査」では、都道府県別に学校司書配置校の割合を表示するようになりました。ここでは、全国SLAが1980年度におこなった全国悉皆調査と比較してみます。この調査は、83年に発行された『学校図書館白書——子どもの読書と学校図書館の現状と課題』に掲載され、都道府県別の表も掲載されています。[3]表2・3は、都道府県別配置状況の上位6県です。ただ、数字のうえで配置率が高くても、図書館専任なのか正規職員なのか、あるいは資格保持者なのかどうかといった事情まではわかりません。最近増えている複数校を巡回する司書の場合などは、配置率の数字は高くても、1つの学校に月1日しか行かない場合も含まれるという問題があります。ここでは単純に、数字のうえで高い順に並べてみました。2016年の数値は文科省16年度「学校図書館の現

状に関する調査」によるものです。

　これらの表を見てわかるのは、1980年調査で上位6県に入っていた福岡県、鹿児島県、長野県が姿を消し、代わりに島根、鳥取、大分県などが入っていることです。また、山梨県、沖縄県は、高い配置率を維持していることがわかります。

2　岡山市の学校司書の活動

　1995年を過ぎたころから小・中学校の学校司書の配置率が上昇していく背景には、全国各地で学校図書館の充実をめざす市民運動がありました。その市民運動を支えるうえで、岡山市の小・中学校の司書が果たした役割は大変大きなものでした。

　岡山市の最初の学校司書（当時は学校図書館事務職員）の配置は1952年、学校図書館法が成立する前のことです。以後、司書の数は増え続け、58年には小学校に18人、中学校に10人[(4)]が配置されたそうです。この方たちは全員がPTA費による雇用でした。PTA雇用から公費での雇用を求める運動の結果、62年に全員ではないものの岡山市の正規職員となることを実現できました。岡山市の学校司書の公費化は、62年、63年、64年の3年計画で進められる予定でしたが、計画が変更され、64年度には正規職員ではなく嘱託職員が採用されることになります。岡山市立の小・中学校に学校司書が全校配置されたのは69年でしたが、周辺町村との合併が進むなか、学校司書未配置校の数が増えていきます。そして78年、岡山市での学校図書館充実のための初めての大きな取り組みとして、1回目の請願署名の活動がおこなわれます。この学校司書運動の大きな特徴は、多様な人とつながる、幅広い市民に訴える活動をおこなったことです。79年から開催された「学校図書館を考えるつどい」、また81年に発行された『学校図

第5章　小・中学校の学校司書

書館白書おかやま 1981』がそれにあたります。白書づくりは司書自身にとって、自分の仕事は何か、何をめざすのかをはっきりさせた取り組みでもありました。82年、市議会で全校配置の約束をとりつけ、89年に念願の全校配置（正規職員33人、嘱託職員83人）を実現します。ただ、学校司書の全校配置を実現したものの、嘱託職員を正規職員にするまでには至りませんでした。しかし嘱託職員の雇用改善にも取り組むことで、できるだけ条件面で正規職員に近づける運動を展開しています。

その一方で、学校図書館の実践活動にも意欲的に取り組み、77年には「ブックトークを研究したい」との思いから、自主研究サークル岡山市学校図書館問題研究会（岡山市学図研）をつくります。このころの様子を当時中学校司書の宇原郁世さんは次のように述べています。

　　学図研の例会でたたき台にするため、それぞれの学校で実際にブックトークをやってみようということになりました。私も出張で空き時間のできた先生に頼んで、教室でブックトークをさせてもらいました。

　　初めて行ったブックトークは「見上げてごらん　夜の星を」というタイトルで、日本のミュージカルづくりにかけた中村八大などの人々の思いを伝えた同名の本、星座や神話の本、ツヴァイクの伝記の本など6〜7冊で構成したと覚えています。中学校の2年生対象にしては少し難しかったかなと思いますが、何しろ初めてのことで気負いもあったのでしょう。

　　本を抱えて教室に入っていった時の、生徒たちの「あれっ？　何しにきたのかな？」という表情は忘れられません。生徒たちがちゃんと聞いてくれるかどうか、不安でドキドキしていました。できるだけの準備をしなくてはと、ノートに

あらすじを書いて、手元に置きながらのブックトークでした。生徒たちは予想外にしっかり聞いてくれ、「これで時間をくれた先生にも報告できるし、次からも頼める」とうれしかった！

　ブックトークを始めてみると、勉強会の仲間は生き生きと自分の実践を語り合いました。「初めてクラス全部の子どもたちの前で本のことを話せた」「ブックトークで紹介した本を子どもたちが争って読んでくれた」「あのときの本、読みたいって言ってくれた」など、子どもたちの反応を語りあいました。学校司書の専門性をこれからブックトークで築いていくのだという思いも共通していたように思います。

　それまで、「学校司書とは何か、何をこそするべきなのか」を求めていた仲間たちが、誰も教えてくれないのなら自分たちで仕事をつくろうと決意したのが岡山市学図研であり、そこでのブックトーク研究でした。学図研での合評会は「怖いけど楽しい、怖いから楽しい」ものでした。みんなホンネでバシバシ人のブックトークをたたきます。たたかれてよりいいものができたら、そのほうがお互いのためなので気にしません。(8)

このブックトークの研究活動は、1986年の『ブックトーク入門』の出版につながります。

組合の活動やサークルの活動と忙しく過ごしながら、岡山市の学校司書たちは、全国に目を向けるようになります。1979年、全国SLAの第1回学校司書全国研究集会が開催されます。全国の学校司書と出会う機会は、それ以外にも日本図書館協会学校図書館部会、日本図書館研究会、図書館問題研究会などがありました。82年、図書館問題研究会全国大会分科会をきっかけに、学校図書館問題研究会を作る会準備会が図書館問題研究会のなかに

発足します。その中心に岡山市の学校司書の方々がいて、事務局を担当したのです。学校図書館問題研究会は85年に発足しますが、その後も岡山市の学校司書が事務局を担当し、月1回「学図研ニュース」の発行もおこなっていました。

　岡山市の学校図書館充実の運動は、多様な人とつながる、幅広い市民に訴える運動でした。全国に目を向けるようになっても、その姿勢は変わりませんでした。全国各地の運動に大きな影響を与えたビデオ『本があって、人がいて』(9)は、学校図書館に「人」がいるとどのような学校図書館ができあがるかを、わかりやすく伝えるものでした。さっそくそのビデオを使って、各地で「ビデオをみる会」を開いたのが、91年10月に発足した「学校図書館を考える会・近畿」です。

3　学校図書館を考える会・近畿と「ぱっちわーく」

　学校図書館を考える会・近畿は、学校・公共・大学の図書館司書、小・中・高校や短大・大学の教員、市民、議員、教育行政担当者などさまざまな立場の人を会員とする市民の会です。その後に全国的に広がっていく学校図書館の充実に取り組む市民の会の先駆けともいえる存在でした。学校図書館を考える会・近畿は、スタート時から学校図書館や学校教育についての学習を重視しています。スタート当初、小・中学校の学校図書館の具体的なイメージをなかなか持てずにいた状況を救ったのが、岡山のビデオ『本があって、人がいて』でした。司書がいる学校図書館の姿、子どもたちの様子を具体的に伝えるこの「ビデオをみる会」は、近畿各地でおこなわれます。その後各地にできた市民団体でも、まずこの「ビデオをみる会」から始めるところが多くありました。

　1991年10月の結成総会の際に、記念講演「学校のなかの図書

館——今日的課題」をおこなったのは塩見昇氏でした。92年9月の第2回総会の際にも「学校5日制と図書館」と題して講演をおこなっています。さらに同年11月、特に子育て中の先生も参加できる研修をと、'こどもひろば'を同時開催する「大阪教育大学図書館見学＆こどもひろば」を開催しました。岡山のビデオを視聴した後に塩見氏による講義「教師にとっての学校図書館」がおこなわれています。学校図書館を考える会・近畿の活動は、市民や学校司書だけでなく、教師も視野に入れた活動を展開していることがわかります。そしてこの姿勢は、のちには行政担当者や公共図書館員も含むシンポジウムという形に広がっていきます。この塩見氏による3つの講演は、『いま、学校図書館を考えるために』(10)としてまとめられています。

さらに学校図書館を考える会・近畿は、1993年に全6回の夏の学習会と記念シンポジウム、94年に全6回の学校図書館講座と記念講演会を催すなど、精力的な活動を展開します。学校図書館理論の学習を大切にした学校図書館を考える会・近畿の活動は、先述したようにこうした市民運動の先駆けであると同時に、お手本でもあったように思います。(11)

全国の学校図書館充実運動をつなぐ情報交流紙「ぱっちわーく」の創刊号が出たのは、1993年5月のことです。巻頭に次のような文章が載っています。

21世紀には人がいる学校図書館に

発行同人代表　長崎司

今、全国各地で「学校図書館に専任の専門職員を」という運動が燎原の火のごとく拡がっています。

"子どもたちに豊かな本との出会いを"を保障し、"教育課程に寄与"する学校図書館。その学校図書館を本当に生かすのは「人」です。ところが、小・中学校ではわずかに20%

程度しか配置されていないのが現状です。人がいなければ、学校図書館はただの「書庫」でしかありません。

　こうした事情を憂い、子どもたちを思い、学校図書館の充実を願う人たちが「人を置く」運動に立ち上がっています。近畿で、埼玉で、千葉で、東京で、そして岡山で……。さらに全国で熱い思いを胸に学習会が開催され、機関誌が発行され、自主的な情報交換も活発に行われています。このような活動の中から、運動に関して全国レベルでの情報の集中と、その集まった情報を発信していける基地が欲しい、「ニュースレター」のようなものが欲しいとの声が多く出されています。

　そこで今回、全国各地の熱い思いと運動をつないでみたいと考えました。また、"21世紀には全国の学校図書館に人がいる"、そんな願いを現実のものとしたいと考えます。こうした思いで「ぱっちわーく」を発刊します。みんなで美しく織り上げてください。(12)

　この創刊号で記念論文を書いているのは当時大阪教育大学教授だった塩見昇氏です。各地からの報告「わたしの街・町・まちから」には、学校図書館を考える会・近畿の活動報告と、大阪府豊中市、長野県上田市の報告が掲載されています。事務局長は岡山市の学校司書を退職された梅本恵さん、事務局は岡山市の学校司書たちでした。「ぱっちわーく」は創刊号から第3号まではこのタイトルでしたが、第4号（1993年9月8日号）からは「全国の学校図書館に人を！の夢と運動をつなぐ情報交流紙　ぱっちわーく」となりました。

　創刊から1年を過ぎた1994年から95年にかけて、「ぱっちわーく」は創刊1周年記念「全国縦断　学校図書館を考えるつどい」を開催します。10月9日に富山県富山市（参加者110人）、10月27

日に鳥取県鳥取市（参加者27人）、10月30日に北海道札幌市（参加者170人）、95年1月20日に東京都北区（参加者280人）、2月11日に長崎県時津町（参加者150人）、3月12日に香川県丸亀市（参加者91人）でそれぞれおこなわれています。会の開催方法や内容は地域によって異なっていましたが、岡山市の学校司書がどの会でも重要な役割を演じていたことが記録からうかがうことができます。(13)

また、1994年6月からは、岡山のビデオ『本があって、人がいて』をぱっちわーく事務局が購入し、全国の購読者に貸し出すことも始めています。返却時に記録用紙の提出を求めている関係で、その後の「ぱっちわーく」に随時記録用紙が掲載されていて、どのような団体あるいは個人がこのビデオを視聴したかが見て取れます。各地の学校図書館を考える会ばかりでなく、大学の司書教諭資格課程の授業、学校司書の研究会、教師の研究会、文庫やおはなし会関係者、学校図書館ボランティアなど、さまざまな立場の人に視聴されています。97年の「ぱっちわーく」によれば、学校司書を対象とした教育委員会主催の研修や、大学がおこなう学校図書館司書教諭講習でも使用されたとのことです。

小・中学校への学校司書配置に大きな役割を果たした学校図書館を考える会・近畿は、2013年11月に閉会を決め、22年にわたる活動を終えました。また「ぱっちわーく」は、17年3月で終刊となり、24年間の発行に幕を下ろしました。

4　東京都日野市の学校司書配置とその後

1991年、学校図書館問題研究会は『なにかおもしろい本な〜い』という本を出版しました。小学校3例、中学校3例、高校2例と学校司書の実践を紹介した本です。「終章♡学校図書館の現状と課題」に次のような文章があります。

1990年5月、東京都日野市で、市内の小・中学校図書館すべてに28名の嘱託職員が配置されました。小・中学校の図書係や学校図書館に関心の深い先生がた100名余りの日野市学校図書館連絡会と東京都教職員組合南多摩支部日野地区協議会とが力を合わせて、5年間余り、市当局に働きかけて実現したものです。日野市の嘱託職員は、月曜から金曜まで、毎日午前10時から午後4時まで勤務しています。[14]

　1990年に日野市に全校配置された学校司書のひとり田沼恵美子さんは、94年の学校図書館問題研究会第10回長野大会で「扉ひらいて　人が置かれてからの4年間と中学校図書館での実践」と題する実践報告をしています。その実践報告を読むと、90年度は学期契約の臨時職員、91年度からは非常勤嘱託員となったそうです。92年に日野市公立学校事務嘱託員採用および配置基準ができ、2年で異動、2校勤務後の契約更新はないと定められました。

　初年度は学期途中で直接学校へ配置され、生徒の前での紹介もなかったそうです。図書館は利用しにくい配架で、分類も訂正が必要、廃棄も修理も必要、目録も十数年分が戸棚に積んである状態でした。展示を工夫し、館内を明るく温かみがある空間に変えていくと、少しずつ生徒が来るようになったそうです。

　　最初に顔を見せたのは、学校生活からはみ出していた生徒達、そしていじめられていた生徒達……鍵の開いた図書館に逃げてくるという実感があった。私は後に彼らとの関係から、プライバシー保護のための貸出方法の変更を行なう。少数派の彼らとの関係に戸惑い、悩み、守秘義務をきちんと守る姿勢の中で、時間をかけて、教師ではない立場で、一歩ひいた

形で、とにかく話を聞く、受け入れる。時々のボディタッチ、何気ない手の置き方で身体の大きな男子生徒の表情がふっと和むという経験、私は彼らとの出会いで学校図書館というスペースは、ひとりひとりの生徒と向かいあえる場なのだと実感した。その後、ひとりひとりと丁寧に向かいあう姿勢は、私の学校図書館の仕事の基本となっている。(15)

　田沼さんはその後、図書だよりを発行し、国語の授業でお話会をおこなうことができるようになります。お話会では、読み聞かせ、パネルシアター、ブックトークをおこなったといいます。田沼さんの実践といえば、手作りの赤ずきん人形を使った自己紹介が知られているのですが、初めてのクラスでは必ずおこなうようにしていたとのことです。そして国語科だけではなく、家庭科や数学科、英語科などとも、図書館と教科を連携させた活動を実現しています。この実践報告には資料がついていて、そのなかに当時の中学2年生の女の子が書いた文章が載っています。

　　私が中学1年生のころ、田沼先生という司書の方がいらっしゃいました。そのころ、図書室ではいろいろなイベントのような物をやっていました。
　　たとえば、市立高幡図書館スタイルのおはなし会。たしか年に2回やりました。先生が暗記したフレーズをみんなで暗記したり、先生が自分で書いたイラストをふしぎな布にはって見せてくれたり、魔女特集のときは国語の先生が魔女の格好で出てきたりしました。そして、最後は、その月に誕生日がある人がろうそくの火を消すのです。みんな、なつかしがっていてとても楽しかったです。
　　また、その日先生が「おもしろいよ」と紹介してくれた本にはリクエストが殺到して、1か月以上本がないこともあり

ました。
　そんなふうにみんな先生が大好きだったので図書室は常連客でいつも満員でした。[16]

　田沼さんにとって、2年で異動しなければならないというのは、とても残念だったことと思います。「ようやく基盤ができた、さあ、これからという時に異動となる。人間関係を積み重ね、図書館として動きだしたという時に異動なんて！」と彼女は述べています。

　　ひとりひとりと向かいあって、本を手渡していく学校司書は、せめて5年以上1つの学校に根をはやして仕事に取り組んでいかなければと私は思う。家庭の主婦の機会均等のためとか、臨時職員の長期雇用は不可とかが行政側の理由なのだが、司書の専門性が理解されていない。せっかく置かれた人が4年間で変えられてしまっては、生徒にとっても、学校現場にとっても、大きなマイナスになると思う。[17]

　日野市の学校司書の状況は、改善されることはありませんでした。それどころか、1997年に全国12学級以上の学校に司書教諭を発令配置する学校図書館法の改正がおこなわれた翌98年（推定）[18]、日野市公立学校図書館事務嘱託員設置要綱に「この制度は平成15年3月31日限りで効力を失う」とする付則2が加わることになったのです。平成15年（2003年）3月31日とは、法律改正でこの日までに司書教諭を発令する期限とされた日付です。しかも97年の法改正の際の附帯決議で「現に勤務するいわゆる学校司書がその職を失う結果にならないよう配慮する」とあったにもかかわらず、この嘱託員制度は廃止されることになってしまいました。[19]

5　千葉県袖ケ浦市の学校司書配置と調べる学習コンクール

　日野市の学校司書配置は残念な結果に終わりましたが、配置の初年度は1990年でした。92年、大阪府箕面市に学校司書1人が配置され、98年には市内の全小・中学校に配置されることになりました。93年、大阪府豊中市に学校司書3人の配置、また東京都中野区では学校司書4人が配置されます。94年、埼玉県鶴ヶ島市4人、埼玉県北本市4人、埼玉県所沢市4人、山口県山口市2人、岡山県新見市1人の配置がありました。

　千葉県袖ケ浦市に学校司書（読書指導員）が配置されたのは1995年のことで、小学校3校への試行的な配置でした。袖ケ浦市の学校図書館施策は91年度、市の教育重点施策に「読書教育」が採用されたことから始まるようです。この年、袖ケ浦市では市内小・中学校図書館の蔵書を一斉に電算化しています。しかも電算化の前に、「蔵書を総点検し、傷みの激しい図書や古くなって資料的価値の低い図書など、現状では使いものにならないと判断したものは廃棄」[20]しているのです。94年、袖ケ浦市立総合教育センターは、市内の全児童・生徒と全教職員を対象に読書教育基礎調査をおこないました。その結果、子どもたちが学校図書館に望むことは「本の数や種類を増やして欲しい」という、蔵書の充実であることがわかりました。そして教職員が望むことは「専任職員の配置」だったのです。[21]この調査結果が、95年の学校司書配置につながります。

　袖ケ浦市の学校司書配置は、1995年度、96年度で小学校全校に配置、99年度には中学校にも全校配置となりました。また97年度に物流システムが導入され、小・中学校と公共図書館を結ぶ物流のネットワークができることになりました。この物流のネッ

トワークは、のちには幼稚園や博物館も加わり、図書館資料ばかりでなく、博物館資料の貸出も可能になりました。さらに98年度には文部省（当時）の「学校図書館情報化・活性化推進モデル事業」を受けることになりました。この事業を受けたほかの市町村では、この予算で電算化をおこなったり、物流ネットワークを導入したりしましたが、袖ケ浦市の場合はいずれも導入ずみだったので、各学校図書館にコピー機、ファクス電話、テレビデオ、インターネット検索用のコンピュータ3台、CD-ROMなどを入れることができたそうです。これによって、学校図書館の学習・情報センター化が実現することになりました。(22)

　袖ケ浦市が「図書館を使った"調べる"学習賞コンクール」(23)の地域コンクールをスタートしたのは、2000年度のことです。市でこのコンクールを開催することになった理由として、指導主事（当時）鴇田道雄氏は次の3点をあげています。①学習指導要領（1998年告示、2002年実施）で新たに創設された「総合的な学習の時間」の基盤整備、②市の教育重点施策である学校図書館整備事業のソフト面への移行、③教職員の資質・力量の向上と授業改善です。01年度には市独自の「学び方ガイド」(24)を作成しています。袖ケ浦市は、読書教育を重視するとともに、図書館を利用した調べる学習へと踏み出すことになりました。

　その結果、袖ケ浦市の小・中学校は、この"調べる"学習賞コンクールで多くの入賞者を出すことになりました。2012年刊行の『探究学習と図書館』には、09年10月時点の入賞校ベストランキングが掲載されています。(25)入賞校14校のうち、7校が袖ケ浦市の小・中学校（小学校6、中学校1）であるのは驚くべきことです。しかも、袖ケ浦市以外の学校は条件が整った私立学校で、公立学校は袖ケ浦市だけなのです。

　2005年度には教育センターのなかに学校図書館支援センターができました。さらに、06年度からは文部科学省の「学校図書

館支援センターネットワーク事業」の指定を受けることになりました（2008年度まで）。袖ケ浦市の学校図書館支援センターがおこなうのは、それまでにできあがった「ひと」「もの」「情報」のネットワークを、全体を見てコーディネートするというイメージだそうです。専任の支援スタッフが司書教諭・学校司書（読書指導員）・教職員向けの研修を企画・実施し、さらに学校司書のさまざまな質問や相談に答えています。「もの」のネットワークでは、小・中学校と公共図書館を結ぶネットワークとは別に、支援センターが用意しているセット本もあります。セット本は、支援センターに常備され、学校が借りることができます。博物館とも協力して「昔の暮らし」「昔の遊び」、「戦争」(2種)、「江戸の旅」の5セットの博物資料を用意することができました。こちらもネットワークを使って学校が借りることができます。「情報」という点では、学習支援センターだより「リーブル」の発行、ウェブサイトからの情報発信があります。(26)

　多くの自治体の教育委員会組織で学校図書館についての窓口が分散してしまうことが多いなか、袖ケ浦市の学校図書館支援センターは、学校図書館全体を見て充実に取り組んでいるといえます。また、①各学校図書館の施設・資料整備、②図書館蔵書の電算化と物流ネットワークの構築、③全校への学校司書（読書指導員）の配置、④調べる学習地域コンクールの開催、⑤学校図書館支援センターの設置といった教育委員会の段階的な取り組みは、ほかの自治体に対しても見習うべきモデルになっています。(27)ただ、1つ残念なのは、支援センター・スタッフも学校司書（読書指導員）も、非正規職員であることです。

6　山形県鶴岡市立朝暘第一小学校の取り組みが学校図書館大賞に

　2003年、全国 SLA 主催による第33回学校図書館賞で、山形県鶴岡市立朝暘第一小学校の学校図書館活動が学校図書館大賞を受賞しました。大賞受賞は、33回にのぼる学校図書館賞では3度目、28年ぶりの受賞でした。朝暘第一小学校の活動は、さっそく『こうすれば子どもが育つ学校が変わる』(28)という本になり、04年にはビデオ『図書館を生かす　学校は変わる』(29)も販売されました。大賞受賞で、朝暘第一小学校の学校図書館活動は全国的に知られることになりました。
　第33回学校図書館賞の選考報告を読むと、高鷲忠美委員長による次のような文章が出てきます。

　　学校図書館を学校経営の中核に据えて学校づくりをするという校長の強い信念に基づくリーダーシップの下、それを現場で支える専任の学校司書、教員と図書館の関係を円滑につないでいく図書主任（この4月司書教諭に発令され国語のT.T.要員(30)として週12時間授業にかかわる）、副主任などに恵まれる中で成功しました。（略）朝暘第一小学校で一番素晴らしいのは、学校図書館運営にかかわる全校組織体制が確立していることです。校長、教頭以下が参加する「図書館教育特別委員会」を立ち上げ、学校のくらし部（教育課程全体を見通して学習環境を作る部）に司書教諭、図書主任、学校司書が入り、さらに「学校研究推進委員会」にも、司書教諭、図書主任が入り、全校組織で学校図書館運営に責任を持っています。こうした組織が確立しているからこそ、学校図書館活動が学校に根付き長続きしているともいえます。保護者、地

域の方も読み聞かせボランティア、あるいは学校教育全体への「教育サポーター」として協力を惜しまない体制をとっています。⁽³¹⁾

　朝暘第一小学校の取り組みが、地域や保護者をも含め、学校全体の取り組みであることが、受賞の理由であると読み取ることができます。
　ビデオ『図書館を生かす 学校は変わる』を見ると、最初に紹介されるのは朝の始業前の学校図書館の様子です。子どもたちでいっぱいの学校図書館の映像にかぶせて、「子どもたち1人当たりの貸出冊数は117冊です」とのナレーションが加わります。そして次に紹介されるのが、「鶴岡市が市独自の努力で配置している正規・専任の学校司書、五十嵐絹子さん、みんなからは絹子先生と呼ばれています」なのです。このビデオの最初の部分が、学校司書の五十嵐絹子さんの紹介から始まっていることは、私にとって大変印象的でした。
　その後の五十嵐さんの活躍ぶり、多岐にわたる著作、退職後の全国での講演活動などを知るにつけ、どうも朝暘第一小学校の学校図書館大賞受賞の原動力となったのは、五十嵐さんだったようです。2003年といえば、法律改正による司書教諭発令の初年度です。朝暘第一小学校でも同様で、学校図書館賞の応募期間が前年度であることを考えると、受賞したレポートに、司書教諭の実践を載せることはできなかったはずです。したがって、選考報告の文章や『こうすれば子どもが育つ学校が変わる』『図書館を生かす 学校は変わる』のなかに出てくる司書教諭の活動についての部分は、司書教諭発令初年度という時期を反映して、受賞レポートに新たに加えられた内容だったと思われます。
　五十嵐さんの活動は、自身の著書『夢を追い続けた学校司書の四十年』⁽³²⁾に詳しく書かれています。本を読まない子・読めない子

第5章　小・中学校の学校司書　　161

にどうしたら読書の喜びを伝えられるかを考え続けた実践の数々、図書館の基礎づくりのためにおこなった工夫、先生方に図書館に目を向けてもらうために作成した「単元別参考図書目録」、調べ学習のためのインフォメーションファイル資料、子どもたちの調べる力を育てる「図書館クイズ」、先生と図書館を結ぶ「職員用図書館だより」などについて触れられています。「図書館クイズ」は書籍としても刊行されていて、島根県の学校図書館など全国各地で活用されています。

『こうすれば子どもが育つ学校が変わる』には、司書教諭による次のような文章があります。「再確認された学校司書の必要性・重要性」と題された個所の一部です。

　司書教諭が専任でない現状では、授業時間内の館内サービスはほとんど学校司書が担うことになります。図書館にはいつも人がいることが大切です。必要な資料が必要なときに手に入らなければ、その図書館が十分活用されることはないのです。いつも図書館にいる学校司書は多くの情報を持っています。その子がどんな本が好きか、どの学級でどんな学習活動をしているか、図書館で人気の本の情報などです。

　図書館担当者はそれぞれの特性を生かし、連携して活動することが大切です。本校では、学校司書も「学習に役立つ本」リスト作成のため、全学年の国語科、社会科、理科、生活科の教科書に目を通しており、学習の流れの概要について熟知しています。学習場面でレファレンスをすることも多いので、学校司書も学習について関心をもっていることが大切です。[33]

　五十嵐さんの活動は、全国SLAで、学校図書館には司書教諭だけでなく、学校司書が必要であり、重要であるということを広

く知ってもらううえで、大きな役割を果たしました。授業にティーム・ティーチング（T.T.）で図書館担当者が入るというのも、この時期以降の「学校図書館」誌に出てくるようになりますが、当初、学校司書がこのT.T.のメンバーに加わるという記述はあまりありませんでした。私はひそかに、五十嵐さんも授業の際にT.T.で加わっていたのではないかと思っています。上の文章で「学習場面でレファレンスをすることも多い」とありますし、また別の文章では「学年に応じた利用指導を、4月のオリエンテーションに始まって、機会をとらえて年間通して実施しています」と述べているからです。

　鶴岡市の学校司書がPTA雇用から市の雇用になったのは、1965年のことだそうです。市の雇用になった当時は嘱託職員でしたが、その後67年には試験採用となり、市の正規職員への切り替えが始まりました。全員が市の正規職員に切り替わったのは71年ですが、正規職員の学校司書配置は大規模校に限られていました。しかし残念なことに、鶴岡市は、朝暘第一小学校が学校図書館大賞を受賞した後、学校司書の非常勤職員化を行政内部で検討し、正規職員の学校司書を非常勤職員へと切り替えていきます。五十嵐さんが退職した後の朝暘第一小学校も、学校司書は非常勤職員になってしまったのです。

7　東京学芸大学附属学校司書による学校図書館活用データベース

　東京学芸大学学校図書館運営専門委員会のウェブサイト「先生のための授業に役立つ学校図書館活用データベース[34]」は、幼稚園、小学校、中学校、高校、特別支援学校のさまざまな教科で、実際におこなわれた図書館を活用した授業実践を見ることができるサイトです。2016年12月現在で、約270の実践事例が紹介されてい

ます。サイトが開設されたのは、09年12月16日でした。このサイト開設の際は、文部科学省の学校図書館活性化推進総合事業「教員のサポート機能強化に向けた学校図書館活性化プロジェクト」を受けてのことだったので、基本的に教員サポートがその目的になっています。

　実践事例は校種、教科などから検索することができ、事例ごとにテーマに関わる主要な本3冊の紹介とブックリストがついています。さらに事例によっては指導案や指導計画、ワークシートがついていて、図書館を使って授業をやってみようと思った先生に親切なつくりになっています。ほかにも役立つコンテンツとして、「先生にインタビュー（授業と学校図書館）」「使いこなす情報のチカラ（情報リテラシー教育）」「本の魅力を伝えるあれこれ（学校図書館の日常）」「使えるブックリスト紹介（テーマ別ブックリスト）」といったものがあります。13年度からは、キャラクター紹介だけだった「GAKUMOのひみつ」に、司書向けの展示・掲示についてのアイデアや工夫の事例が加わっています。

　このデータベースを運営している東京学芸大学学校図書館運営専門委員会は、附属学校運営部・附属学校課、附属学校図書館（幼稚園を含む）の教諭・司書、大学附属図書館を委員とする組織ですが、データベースの構想段階からサイトの開設、実際の運営にあたっているのは、附属学校の非常勤司書です。国立大学付属学校の図書館といえば、さぞ恵まれた図書館なのだろうというイメージがあります。しかしそれは必ずしも事実ではありません。国立大学付属の小・中学校司書が非常勤職員であること、学校司書がいない学校もあると聞いたときには、私も驚きました。

　東京学芸大学附属学校の場合もそうでした。東京学芸大学には現在10校の附属学校（小学校4、中学校3、高校1、中高一貫校1、特別支援学校1）がありますが、従来から司書がいたのは小学校2校、中学校1校の3校でした。2003年に中学校2校、07年に小・中兼務

で2校、09年に小学校1校で司書が配置されました。中学校の数が合わないのは、07年に中学校1校、高校1校を統合して国際中等教育学校ができたからです。

　東京学芸大学学校図書館運営専門委員会ができたのは、2007年のことでした。それ以前は附属世田谷小学校の教諭・司書を中心とする情報リテラシー研究会、附属学校司書の自主的な司書連絡会の活動があったそうです。こうした活動があったこと、さらに司書が配置されている世田谷小学校、世田谷中学校の学校図書館活動が大変活発であることなどから、附属学校運営部が学内の組織化を図ることになり、07年に運営専門委員会が発足しました。それまで非公式な情報交換・研究の場だった司書連絡会が公的に認められることになり、非常勤であるがゆえに、公的に表に出ることがなかった学校司書や図書館の活動は、運営専門委員会ができたことでおこなうことができるようになったのです。このデータベースを構想して文科省プロジェクトへ応募することは、司書による提案でした。

　運営専門委員会の一員で、附属小金井小学校司書の中山美由紀さんは、2011年の学校図書館問題研究会第27回兵庫大会で次のように報告しています。

　　このデータベースを作ったことによって、私たち学校図書館側の利点としては大きく2点あったと思います。
　　1つは教員とのコミュニケーションができた、あるいはそのきっかけになるものになっていたという発見です。資料提供するときに「どんな授業を作りたいのか」という事前の相談、これをキャッチする、しないでは提供する資料が大きく違うんですね。メダカの成長を考える単元で、私は小5の理科の先生に対してメダカの本をたくさん集めればいいと思っていました。しかし、教員の図書への期待はメダカの餌のプ

ランクトンだったりしました。同じ先生でも次の年、授業の狙いやポイントが違うかもしれない、毎回のコミュニケーションが大事だと思います。

それから集めた資料の評価、これは公共図書館の方から「学校にたくさん本を提供しますが、どれがどう良かったのかわからない」と公立の学校にいた時にもよく言われました。今回は3冊ピックアップして、特にこれが良かったよと示しています。授業者に「先生、どの3冊にしますか？」とやり取りをすることで、資料評価をすると同時に、貴重な教員とのコミュニケーションチャンスになっていると思っています。

2つ目は、活用される学校図書館の仕事の可視化です。私たちはこういう仕事をしていますということを、学校の中にはもちろん、大学に向けても、それから世の中に向けても目に見える形にしたことが大きいと思います。私自身、去年どんなやりとりで何を提供したかを忘れたりします。自分のパソコンを見てもどのファイルに入れたかわからない。しかしここにまとまっていると、すぐ引き出せますので、もっとも恩恵を受けているのは作っている司書会の私たち自身かもしれません（後記：教員にとっても自分の実践が引き出せるメリットがある）。まだまだ十分に練れていない事例もあって恐縮ですが、こんな使われ方もあるのかと寛容なお気持ちで見ていただければと思います。[36]

このデータベースは、教師に対して、またこれから教師になろうとする人に対して、具体的に学校図書館をどう使うか、学校司書をどう使うかを示すものです。学校司書は、まずこのデータベースをどう使うかを知って、先生に広めていく必要があります。また、司書教諭資格科目を教える大学教員は、大学生に伝えていかなければなりません。

8　小・中学校の学校司書の現在

　かつてはなかなか配置が進まなかった小・中学校司書ですが、近年になって進展がみられるようになりました。最近では政令指定都市の神奈川県横浜市が、全校499校（小・中・特別支援学校）に2013年10月から第Ⅰ期125人、14年4月に第Ⅱ期125人、16年には全校に配置を完了しました。横浜市が学校司書配置に踏み切ったことは、規模の大きさからも話題になりました。1校専任ではあるけれども、資格要件はなく、1年契約で更新は5年までなど、まだまだ不十分な点も多いのですが、はたらきかけてもなかなか動かなかった横浜市がようやく動きだしたことは大きな成果だったと思います。

　横浜市の学校司書配置が実現した背景には、「学校図書館を考える会・横浜」の活動がありました。学校図書館を考える会・横浜が発足したのは1994年です。20年にわたる活動がようやく実を結んだわけですが、一方で、横浜市立高校の学校司書は、かつては図書館専任・専門（司書資格）・正規の学校司書がいたものの、正規職員の定年退職に伴って非正規化が進み、2014年には9校すべての学校司書が非正規職員になったそうです。

　小・中学校司書の課題とは、本章の最初に触れたように、非正規職員の割合が多いことです。子どもの成長を目の前で見ることができ、教育活動の支援や子どもたちと本について語り合うことができる、また子どもにも教職員にも資料提供やサービスの手応えを感じ取れるなど、やりがいがある仕事であるにもかかわらず、待遇が悪いままなのです。若くてやる気がある人にとって、給与が低く生活していけないというのは、大変大きな問題です。

注

（1）文部科学省『平成24年度「学校図書館の現状に関する調査」の結果について』(http://www.mext.go.jp/a_menu/shotou/dokusho/link/__icsFiles/afieldfile/2013/05/16/1330588_1.pdf)［2016年12月9日アクセス］

（2）2014年度文科省の「学校図書館の現状に関する調査」は、学校調査票とは別の教育委員会調査票で、学校司書が採用時点で有していた資格および地方自治体の学校司書の採用条件の調査をおこなっている。この調査結果は「学校図書館の整備充実に関する調査研究協力者会議」第1回（2015年8月26日）の配布資料4「学校図書館の現状について」で公表された。しかし、調査結果が複数回答で示されていること、小・中・高の区別がないことなどの理由で、本章では扱っていない。

（3）「第5表　小学校学校図書館調査　その3」「第12表　中学校図書館調査　その5」、前掲『学校図書館白書』所収、小学校193ページ、中学校200ページ。それぞれ学校司書がいる学校数を都道府県の合計学校数で割って、配置率を算出した。

（4）『学校図書館はどうつくられ発展してきたか』編集委員会編著『学校図書館はどうつくられ発展してきたか――岡山を中心に』教育史料出版会、2001年、144ページ参照

（5）『学校図書館白書おかやま 1981――子どもと本とのたしかな出会いを』岡山市職員労働組合学校図書館白書編集委員会、1981年

（6）前掲『学校図書館はどうつくられ発展してきたか』191ページ参照

（7）『本があって人がいて』編集委員会編『本があって人がいて――岡山市・学校司書全校配置への道』（「みんなの図書館双書」第8巻）、教育史料出版会、1994年、71―80ページ参照

（8）新世紀子ども読書年・おかやま／広瀬恒子『本・子ども・人をむすぶ――学校図書館から地域へ、地域から学校図書館へ』新日本出版社、2003年、85―86ページ

（9）『本があって、人がいて』岡山市学校図書館ビデオ制作委員会、

1991年
(10) 学校図書館を考える会・近畿編『いま、学校図書館を考えるために——塩見昇講演記録集』日本図書館協会、1994年
(11) 学校図書館を考える会・近畿編『わがまちの学校図書館づくり——行政・教師・司書・市民で創る教育』教育史料出版会、1998年、180—187ページ参照
(12) 長崎司「21世紀には人がいる学校図書館に」「ぱっちわーく」第1号、ぱっちわーく事務局、1993年、1ページ
(13) 「ぱっちわーく」第13—23号、ぱっちわーく事務局、1994—95年
(14) 学校図書館問題研究会編著『なにかおもしろい本な〜い——司書のいる学校図書館』(「みんなの図書館双書」第5巻)、教育史料出版会、1991年、186ページ
(15) 田沼恵美子「実践報告Ⅱ 扉ひらいて 人が置かれてからの4年間と中学校図書館での実践」、学校図書館問題研究会編「がくと」第10号、学校図書館問題研究会、1994年、25ページ
(16) 同報告29ページ
(17) 同報告27ページ
(18) 日野市の学校図書館を考える集い「学校図書館事務嘱託職員制度の継続と一層の充実「学校図書館審議会」設置を求めるアピール」「ぱっちわーく」第69号、ぱっちわーく事務局、1999年、13ページ。上記の文書が1999年1月30日付となっていることによる。
(19) 同13—15ページほかを参照。
(20) 熱海則夫監修、図書館活用資料刊行会／田辺憲治編、鴇田道雄『学校図書館が変わる——教育委員会の支援』(「図書館ブックレット」第7巻)、図書館流通センター、2002年、15ページ
(21) 同書8ページ
(22) 袖ケ浦市教育委員会学校教育課『袖ケ浦市の読書教育——平成10・11・12年度文部省指定「学校図書館情報化・活性化推進モデル地域事業」最終報告書』袖ケ浦市教育委員会学校教育課、2001年、1ページ参照
(23) 「図書館を使った"調べる"学習賞コンクール」は第14回コン

クールから名称を「図書館を使った調べる学習コンクール」に変更した。
(24) 前掲『学校図書館が変わる』46—47ページ
(25) 根本彰編著『探究学習と図書館——調べる学習コンクールがもたらす効果』学文社、2012年、35ページ
(26) 中村伸子「実践報告 子どもの学びを支える学校図書館づくり——「人」・「もの」・「情報」をつなぐ」(『日本図書館協会学校図書館部会第37回夏季研究集会2008年東京大会報告集』所収、日本図書館協会学校図書館部会、2008年)を参照。
(27) このモデルは、2010年11月図書館総合展での東京大学大学院教授(当時)根本彰氏の袖ケ浦モデルを参考に、一部変更した。
(28) 山形県鶴岡市立朝暘第一小学校編著、高鷲忠美解説『こうすれば子どもが育つ学校が変わる——学校図書館活用教育ハンドブック』国土社、2003年
(29) 『図書館を生かす 学校は変わる——山形・鶴岡市立朝暘第一小学校』紀伊國屋書店企画・発行、2004年
(30) T.T.要員とは、一つの授業に複数の先生が入っておこなうティーム・ティーチング要員のこと。
(31) 高鷲忠美「第33回「学校図書館賞」選考報告」「学校図書館」2003年7月号、全国学校図書館協議会、62ページ
(32) 五十嵐絹子『夢を追い続けた学校司書の四十年——図書館活用教育の可能性にいどむ』国土社、2006年
(33) 前掲『こうすれば子どもが育つ学校が変わる』176ページ
(34) 「先生のための授業に役立つ学校図書館活用データベース」(http://www.u-gakugei.ac.jp/~schoolib/)［2017年3月10日アクセス］
(35) 2010年度から12年度は文部科学省、確かな学力の育成に関わる実践的調査研究「学校図書館の有効な活用方法に関する調査研究」、13年度は、確かな学力の育成に係る実践的調査研究「学校図書館担当職員の効果的な活用方策と求められる資質・能力に関する調査研究」を受けて実施している。
(36) 中山美由紀「実践報告Ⅱ みんなで使おう!学校図書館——"先生のための授業に役立つ学校図書館活用データベース"3年目の

取り組みから」、学校図書館問題研究会編「がくと」第27号、学校図書館問題研究会、2011年、53ページ

第6章
学校司書になるには

1　学校司書に必要な資質は

　学校司書になるために何より大事なことは、コミュニケーション力です。私は高校の学校司書だったころ、何度も司書になりたいという高校生と話をすることがありました。そのときにいつも気になっていたのは、本が好き、本を読むのが好きだけど、コミュニケーションに難ありと感じる子が多かったことです。司書というのは、人と接する仕事だと思っていないのではないか、本が好きだけど人と接するのが苦手だから、司書になりたいと思ったのではないか、そんな感じを受けたのです。

　学校図書館の場合、日常的に生徒か先生をはじめとするほかの職員、また小・中学校の場合は保護者（ボランティアの場合も）と接することが多くあります。特に生徒である子どもたちとどのように接したらいいのかは、学校司書がいちばん悩むところです。図書館職員としてというより、学校生活をともにする相手としての接し方が求められます。また、学校生活をともにする相手だからこそ成り立つ図書館サービスがあります。子どもたちには、先生に見せない顔があります。先生には見せないけれど、司書には見せてくれる、そんな顔があるのです。人と接することがうまくなくてもかまわないけれど、人と接することが嫌いじゃないということが重要です。

2つ目に大事なことは、一人で仕事ができることです。学校のなかで、司書は一人です。仕事のうえでわからないことがあっても、すぐに相談できる相手はいません。ときには一緒に、何をどうしたらいいか考えてくれる司書教諭、先生、職員、学校図書館支援センターのスタッフなどといった人に出会えることもあるかもしれません。しかしその学校で、図書館の仕事を支えるのは結局は司書なのです。自分で考えて、計画して、実行する。学校図書館の仕事の面白さは、そうした工夫の成果がすぐはね返ってくるところです。たとえば、自分は生徒を子ども扱いしていたな、子どもだけど一人の人間なんだな、私はこの子たちに支えられてこの仕事をしているなどと、自分のものの見方、姿勢を改めるだけでも、何かが変わります。なんでも誰かが教えてくれるのが当たり前だと考えている人には向かない仕事だと思います。学校図書館は学校ごとに違いますから、その学校の生徒にとってどういう図書館が必要なのか、自分で考えて、工夫して、実現する力が求められるのです。

　3つ目は、失敗できる力を持っていることも必要です。失敗を恐れない、失敗しても何がいけなかったかを考えることができて、また新しい工夫をすることができるという、いわば失敗力といってもいいかもしれません。前の学校ではこれでよかったのに、いまの学校ではどうしてもうまくいかない。先生や子どもたちとの接し方、よかれと思って言ったこと、貸出方法、統計の取り方、展示やレイアウトの工夫など、仕事で迷うことはいっぱいあります。でもまずはやってみる、失敗するかもしれないけれどやってみることが大事です。

　4つ目は、好奇心旺盛であることです。学校図書館では、利用者からさまざまな質問をされます。ちょっとした雑談から、こういうことを知りたいと思っていた、という話になることもあります。司書自身が好奇心を持っていることが、はっきりした情報要

求の中身を引き出す糸口になることがあります。生徒の調べものでも同じかもしれませんが、司書自身が好奇心旺盛であることが、そうした質問に対する回答を探すうえでの大きな原動力になります。

　5つ目には、本を知っていること、資料の調べ方を知っていることがあげられます。なんといってもこの力が司書の専門性とされている部分です。これが順番からいって5番目、と思うかもしれません。これには、私が知っているうまくいかなかった司書の例が反映しています。本を知っている、資料の調べ方を知っていることについては大変優秀かもしれないけれど、1番目から4番目の力がないために、学校図書館ではうまくいかなかった、仕事を続けていけなかったということがあるからです。

　6つ目は、精神面での打たれ強さです。学校司書という仕事はまだまだ知られていない仕事です。学校図書館自体も学校のなかで理解されているかというと、必ずしもそうではありません。学校図書館とはこういうものだと、学校司書自らが常に発信し続けなくてはならないのです。第4章で取り上げた岐阜の小池静子さんは、2000年の学校図書館問題研究会の全国大会で次のように言っています。

　　少なくとも"出る杭"になってください。出る杭は打たれます。打たれ強くなってください。打たれなかったら学図研のメンバーではありません。もう一つ、これもよく言われる言葉ですが、出すぎた杭は打ちようがない。本当はここまで行くべきでしょう。(1)

　この言葉は私にとって大変印象的でした。打たれても打たれても伝え続けることが重要であると同時に、ぶれないことが大切だと思います。

2 どんな資格が必要か

　学校司書資格について、2016年10月20日、文部科学省『これからの学校図書館の整備充実について（報告）』で、学校司書資格のモデルカリキュラム（10科目20単位）が示されました。司書資格・司書教諭資格が文部科学省令で定められていることと比較すると、現時点では学校司書資格は、モデルカリキュラムを示されただけで、省令による裏付けがある資格にはなっていません。この学校司書資格のモデルカリキュラムについては、実際に開講する大学がどれだけ出てくるのか、今後の動きを見定める必要があります。

　実際の学校司書の採用では、資格について、司書などの資格、司書教諭資格を要する場合と、資格がなくてもいいという場合があります。いちばん多いのは、司書・司書補の資格を要する場合で、2014年の文科省の調査では、1,741自治体のうち1,023自治体（59％）となっています。司書教諭資格の場合は、262自治体（15％）です。また資格を持たない場合、図書館勤務経験などは276自治体（16％）、資格・経験なしが603自治体（35％）です。ただし自治体の募集の実際を見ると、司書資格あるいは司書教諭資格を有する者というケース、司書・司書補・司書教諭資格に加えて教諭免許や保育士資格が含まれている場合、司書などの資格取得者と同時に資格を持たない者（図書館勤務経験者など）も含まれている場合があり、複数回答になります。したがって上にあげた数字を足していくと合計は1,741自治体を上回り、パーセンテージも100％を上回ることになります。

　学校司書をめざすなら、まずは司書資格を持つことです。実際に学校図書館に行くと、本が分類番号順に並んでいない、並んで

いても右から左に並んでいる、2ケタの分類番号と3ケタの分類番号の本が交ざっているなど、図書館であるための基本ができていないことがよくあります。本を分類番号の小さい数字から順に並べる、左から右に並べる、同じ分類番号の本はラベルの50音順にする、本棚ごとに上の段から並べて、その段が終わったら、下の段に同じように左から右に並べる。これが本の配列の基本です。また、本があるかないかについて調べられること、つまり目録が整備されているか、ということも重要です。自治体によっては学校司書の研修体制ができていないところもよくあります。司書資格を持っていれば、この入り口のところで困ることがなくなります。

　それでは、司書教諭資格はどうでしょうか。司書教諭資格は教員免許を持っていないと取れない資格なので、その分かなりハードルが高くなります。ただ、司書資格が公共図書館の司書を想定しているために、学校図書館について学ぶことができないことを考えると、学校図書館について学ぶことができる司書教諭資格は、取れる状態にあるのなら、取っておいたほうがいい資格ということができます。

　資格を持たずに学校司書になった人のなかには、働きながら司書資格を取る人が多くいます。また、学校図書館に専任で司書資格を持つ正規職員の学校司書のなかにも、働きながらさらに司書教諭資格（当然教員免許も）を取ろうとする人もいます。公立学校では、司書教諭資格を取ったからといって勤務条件が変わることはありませんが、それでも必要を感じて資格を取ろうとする人たちがいるのです。

3　レファレンス・サービスとは

初めて学校図書館で働くとき、誰でも一人前の学校司書ではありません。私自身もそうでした。私は大学で、司書資格、教員免許、司書教諭資格を取りました。それでも、働き始めたころは、司書であることがどういうことかわかっていませんでした。私が一人前の学校司書になったと自覚したのは、当時では珍しい本格的な調べ学習を生徒に課す音楽の先生と出会って、生徒から寄せられるさまざまな質問の回答をいつも時間に追われながら探すことを繰り返した後のことです。百科事典が本当に使える資料であることを知ったのもこの経験からでした。テーマは日本音楽研究でしたが、世界史の資料も、孔子の音楽理論も、明治以降の日本の音楽教育の歴史も必要でした。こうしたレファレンスのシャワーを浴びることが、学校司書を一人前にするのだと感じたことを覚えています。

　ところで、レファレンス・サービスの実際については、経験のなかで身につけたという感じで、具体的な手順を教わったことはありません。司書教諭資格科目では「学習指導と学校図書館」で扱うのですが、テキストではどちらかというと、レファレンス・サービスの種類、質問の類型、レファレンス情報源という扱いがなされていて、実際に質問に直面した司書が判断しなければならないこと、またその後の行動のしかたについて書かれているとはいえません。以下、私が経験したこと、アメリカの図書館情報学の百科事典などから、司書がしなければならないことをあげてみます。

レファレンス・サービスの前に

　レファレンス・サービスは、図書館関係で働く人以外には、あまり知られていません。そのため、司書には何でも聞いていいということを、日頃から知らせておく必要があります。利用者が図書館にいるときは極力フロアに出て、急ぐ仕事ではなくても返却

本を書架に入れる、本を分類順に並べるなど利用者の近くで仕事をするようにします。利用者にとって質問がしやすくなるからです。もちろん、こちらから「何か探してる?」と声をかけることもあります。

質問されました!

　質問には、簡単に答えられる質問と、そうでない質問があります。ほとんどの場合、子どもたちの質問は単語です。「○○!」「○○の本ない?」、この最初の○○の言葉を取り違えるということもよくある失敗ですが、それは気にしないほうがいいでしょう。本をすぐ思いつく場合は、一緒に棚に行って、2、3冊見せます。そのとき分類番号も伝えておくようにします。司書がどうやって本を探しているか、実際に見せるということです。

利用者に聞くことは?

「○○の本」だけでは本が特定できない場合、こちらから質問しなくてはなりません。「それは××のこと?」と言い換えてみる、また「小説? ホントの話?」「もう少し詳しく言ってみて?」など、何を聞くかは子どもたちが発したその言葉次第です。聞かれた本や情報がすぐにわからない、あるいはちょっと時間がかかるという場合に気をつけなければならないのは、急がなくてはいけ

ないのか、何に使うのか、どのぐらい詳しい資料が必要なのかを確かめておくことです。学習目的の場合は、どんな形の情報（図、グラフ、新聞記事、雑誌記事、インターネットほか）が必要なのかを確認しなければならないこともあります。

　このやりとりを続けるのに、コミュニケーション力が必要になります。親しみやすさと同時に、関心を持って聞くことで、利用者が本当に知りたいことを引き出すのです。アメリカの図書館情報学の百科事典では、司書が利用者に質問するプロセスとして、次の3点をあげています。①利用者に自分の言葉で聞きたいことを説明してもらう、②司書が探すための手がかりにできるような情報を引き出す、③利用者と司書が同じ理解かどうかを確かめる、というものです。そのためにオープン・クエスチョン（それは何？　もう少し説明して?）とクローズド・クエスチョン（イエス・ノーで答えられる質問）を使い分ける、と書かれています。

　たとえば、実際に資料を見せながら「こういう感じ？」と聞くのもいい方法です。具体的な資料を目にすることで、説明する言葉が出てくることがあります。

　また、質問のプロセスで大事なこととして、資料探しを急いで始めてはいけない、とも書いてあります。司書が、早合点して資料探しを始めてしまうと、実はもうすでに質問した人が調べたことだったということがあるからです。自分と同じことを繰り返している司書に、利用者の側はそうとは言いづらいものです。

本や資料、情報を提供するとき

　さて、求めている資料を渡すとき、できるだけこれは何に載っていた資料、情報なのかを示します。そのテーマを調べるのなら、こういう事典がある、こういう資料が使える、ということを伝えます。そして聞いてきたことと、その本、資料、情報が合っているかどうかも確かめます。最後に、「何かあったらまた来てね」

と終わる、これが大事な点です。

レファレンスの回答に困ったとき

レファレンスの回答に困ったときは、国立国会図書館が全国の図書館などと協同で構築している「レファレンス協同データベース」を使ってみましょう。2013年7月から学校図書館も参加できることになりましたが、現時点では、レファレンス事例を出している学校図書館はまだそう多くはありません。このデータベースは、公共図書館・大学図書館・専門図書館などのレファレンス事例の宝庫です。試してみる価値があります。

あるいは、同じ学校司書に聞くのも大事です。自治体によっては、学校司書同士の情報ネットワークができていて、そこに「こういう質問がきた」と問い合わせると、ほかの学校司書が答えてくれる仕組みができている場合があります。これは大変便利です。

さらに、身近な先生や生徒に聞くという手もあります。質問によっては、その分野なら専門家という人がいます。人は貴重な情報源なのです。以前「ミサンガのつくり方を知りたい」と聞かれたことがありました。ミサンガ、主にサッカー選手が手首や足首につける組みひもの一種、いまならインターネット検索ですぐに出てきますが、当時は使えず、本を手に入れるにしてもちょっと時間がかかり、困った、と思いました。そのとき思いついたのが、図書館にいる子たちに聞くことでした。「誰かミサンガのつくり方の本、持ってない?」と聞くと「持ってるよ!」の声、「ねえ、ちょっと貸してくれる?」「いいよ」、といったやりとりで解決しました。このように日頃から使える人脈をつくっておくことも大事なのです。

4 学校図書館活動チェックリスト

　レファレンス・サービスを成功させるためには、自分の学校図書館の資料・蔵書が、基本的な調べものができるようになっているかどうか、特定の本の有無がすぐにわかるようになっているか、百科事典、図鑑が新しいかどうかといったことが重要になってきます。図書館が使えるかどうかがそこで決まるのです。またそれだけではなく、さまざまな図書館活動が利用者にとって使いやすくなっているかどうか、自校の学校図書館を評価・チェックする視点が必要です。

　学校図書館の評価については、全国 SLA が作っている「学校図書館評価基準」(3)（2008年制定）があります。ただこの基準はどちらかというと先生向けに作られていて、学校司書が使うのには向いていません。学校司書が自分の学校図書館を見直すには、学校図書館問題研究会が作った「学校図書館活動チェックリスト 2002年版」(4) が参考になります。こちらは「利用者が満足できる学校図書館を作る」ためのチェックリストになっています。

「学校図書館評価基準」の項目数は100項目、「学校図書館活動チェックリスト 2002年版」は104項目あります。どちらも項目数が多いので、当面の学校図書館の状況を把握するには、もっと簡単な評価リストのほうがいいかもしれません。ここでは、学校図書館問題研究会神奈川支部が作った学校図書館チェックリスト20項目をあげておきます。

1	本が分類順に並んでいる	11	司書が選書に関われる
2	資料の所在の有無が調べられる	12	書架にサイン(分類表示)がある
3	代本板を使っていない	13	貸出統計を取っている
4	何も書かなくても本が借りられる	14	本の紹介や読み聞かせをしている
5	図書館の見取り図がある	15	利用案内をしている
6	毎日開いている	16	図書館からのおたよりを発行している
7	百科事典、図鑑が新しい	17	清掃ができている
8	新聞、雑誌を購入している	18	授業で利用されている
9	古くなった本は除籍できる	19	ボランティアがいる(読み聞かせ・図書整備など)
10	貸出予約ができる	20	司書教諭や係員とコミュニケーションが取れている

5 学校司書の本を読んでおこう

　学校司書法制化の影響もあって、いま、学校司書に関する本が次々と出ています。何を読めばいいのか、それぞれに特徴がありますが、簡単に紹介してみましょう。

＊学校図書館問題研究会編『学校司書って、こんな仕事──学びと出会いをひろげる学校図書館』かもがわ出版、2014年
　学校司書の仕事を多方面から紹介している本です。小学校3校、中学校2校、高校6校の学校司書がそれぞれの実践を書いています。コラム形式で、さらに小学校2校の学校司書と小学校の司書教諭の文章が載っています。
　活動に関しても、毎日開館していることで子どもと本を結び付けていること、授業と結び付いて子どもたちの学習を支えていること、子どもたち一人ひとりの読みたい、知りたい気持ちを支え

ていること、図書館を拠点にイベントをおこなって人と人をつなぐ広場と居場所になっていること、地域と結び付いての活動など、多面的な紹介がされています。

カラフルなビジュアルページもあって、最初に読む本としておすすめします。文章を書いている学校司書の数が多く、地域も多様です。

＊門脇久美子／実重和美／漆谷成子／堀川照代『学校図書館は何ができるのか？ その可能性に迫る――小・中・高等学校の学校司書3人の仕事から学ぶ』国土社、2014年

島根県は、学校図書館に大変力を入れています。堀川照代さんは、2013年8月に発足した文部科学省「学校図書館担当職員の役割及びその資質の向上に関する調査研究協力者会議」と15年8月からの「学校図書館の整備充実に関する調査研究協力者会議」の座長を務めた方ですが、1988年から2011年まで島根県立短期大学で教えていました。島根県教育委員会のさまざまな学校図書館充実施策においても大きな役割を果たした人物です。

この本は、島根県の小学校・中学校・高校の学校司書3人の仕事を紹介することで、学校図書館の可能性を考えてみようというテーマで作られています。主要な書き手が3人いるので、一つひとつの仕事が細かく紹介されています。

＊村上恭子『学校図書館に司書がいたら――中学生の豊かな学びを支えるために』（シリーズ学校図書館）、少年写真新聞社、2014年

東京学芸大学附属中学校の司書、村上恭子さんによる本です。学校司書とはどのような仕事か、学校図書館をつくること、また学校図書館が支える学びについてコンパクトに紹介しています。

特に章間の鼎談と対談は、読み応えがあります。ただ語られて

いる内容は、学校図書館の職員状況をよく理解していないとわかりにくいかもしれません。

＊五十嵐絹子『夢を追い続けた学校司書の四十年――図書館活用教育の可能性にいどむ』国土社、2006年

　2003年に学校図書館大賞を受賞した山形県鶴岡市立朝暘第一小学校の司書、五十嵐絹子さんの本です。学校図書館事務職員から出発して名実ともに学校司書になっていく過程、学校司書の仕事を理解してもらうための努力とその積み重ねがていねいに書かれています。

　図書館構想の3カ年計画を示す、図書委員を育てる、図書館クイズの工夫、職員用図書館だよりなど、彼女の実践に学んだ学校司書は多くいます。学校図書館の大切さと可能性を伝えなくてはという五十嵐さんの思いが伝わってきます。

＊塩見昇／土居陽子『学校司書の教育実践』（青木教育叢書）、青木書店、1988年

　古い本なので、図書館で探さないと入手できないのですが、ある時期の学校司書の必読書でもありました。この本は当時、兵庫県西宮市の市立西宮東高校の司書だった土居陽子さんと大阪教育大学教授塩見昇氏との共著になっています。

　教科と学校図書館との連携をどのように実現したか、学校図書館での予約サービス導入の経緯などについて書かれています。当時は、学校司書の判断で選書をおこなうことが難しい時代でした。先生に理解してもらうために、彼女が模索したあれこれの工夫はいまでも通用すると思います。

　5冊の本を紹介してみました。これらを入り口に、図書館づくり（レイアウト、展示・掲示ほか）や読書活動（ブックトーク、ア

ニマシオンほか)、探究学習(プロセス、ワークシートほか)など、実践の範囲を広げていくのがいいかもしれません。

6 雇用条件を確認する

　学校司書の雇用状況は決してよくありません。本が次々と出ていても、正規職員の学校司書を採用する自治体はほとんどないので、そのなかでも条件がいい自治体を探す必要があります。週あたりの勤務時間、給与、資格の有無、研修の有無など、自治体によって違います。この状況が改善されないかぎり、実際のところ「学校司書になろう！」と声を大にしては言いづらい状況ではあるのです。

　雇用条件の問題を取り上げるのは、正規職員であっても学校図書館を巡回する場合があり、1校あたり月1回、あるいは2週間に1回程度しか行かないことがあるからです。この場合は図書館づくりぐらいしかできず、どう使うかという面の仕事まではできません。先生や子どもたちとの関係も雇用条件に左右されますし、できることも限られてきます。学校司書としての役割を果たすためには、できるだけ1校専任の正規職員、あるいは正規職員に近い立場が望ましいといえます。

　法改正によって学校司書が法律に位置づけられたとはいっても、解決すべき課題は多くあります。

注

(1) 小池静子「実践報告2　授業は面白くてはいけないのか？——なくてはならない学校図書館になるには、授業形態の本質的改革しかない」、学校図書館問題研究会編「がくと」第16号、学校図書館

問題研究会、2001年、30ページ
（2）2014年度文科省の「学校図書館の現状に関する調査」は、学校調査票とは別の教育委員会調査票で、学校司書が採用時点で有していた資格および地方自治体の学校司書の採用条件の調査をおこなっている。この調査結果は「学校図書館の整備充実に関する調査研究協力者会議」第1回（2015年8月26日）の配布資料4「学校図書館の現状について」で公表された。

文部科学省初等中等教育局児童生徒課「資料4 学校図書館の現状について」(http://www.mext.go.jp/b_menu/shingi/chousa/shotou/115/shiryo/__icsFiles/afieldfile/2015/10/22/1362875_01.pdf)［2016年11月5日アクセス］
（3）全国SLA「学校図書館評価基準」(http://www.j-sla.or.jp/material/kijun/post-44.html)［2017年3月10日アクセス］
（4）学校図書館問題研究会「学校図書館活動チェックリスト 2002年版」(http://gakutoken.net/opinion/2002checklist/)［2017年3月10日アクセス］

おわりに

　私が神奈川県の県立高校の学校司書になったのは、1973年でした。そのときの私は、学校図書館のことについてまだほとんど何も知りませんでした。教員養成の大学に進学しながら、あまり教員になりたいと思っていなかったので、司書資格を取ることにしました。ついでに司書教諭資格も取りました。司書資格を取るための実習で町田市立図書館に行きました。その時期の公共図書館は、大変元気で、新しい公共図書館像をめざすさまざまな試みがおこなわれていました。司書って面白そうだと感じました。大学生の私は公共図書館の司書をめざしていたのです。

　学校司書になってびっくりしたのは、図書館が5階のはじ、生徒の昇降口からも職員室・事務室からもいちばん遠い位置にあったことです。どうしてそんな場所になっていたのか、「図書館は静かに勉強できるところ、本を読むところ」だと思われていたことを後で知りました。当時、授業などで学校図書館を使うという発想はほとんどありませんでした。

　また、たまにやってくる先生が、司書室でデスクワークをしている私に、「お仕事中すみませんが」と言って、本のことを尋ねたりすることにも、「どうして？」と思いました。司書に資料のことを聞くのは、まさに司書の仕事そのものなのに、そう思われていない、それはどうしてなのだろうと考えました。さらには、校長と教頭に呼ばれて、「あなたは行政職だから、教育的な仕事はできません」と言われました。「でも公共図書館の司書は利用者の質問に答えたり、案内をしますよ」と言うと、「学校ではそれは教育になるからできないんです」とのことでした。それでは

なぜ、司書資格を問われて採用されているのだろうと思いました。こうしたことの積み重ねが、私を学校図書館についての学習と運動に駆り立てることになりました。

1985年に発足した学校図書館問題研究会には、発足以前の「図問研 学校図書館問題研究会をつくる会 準備会」のころに関わりができたようです。85年8月、神戸でおこなわれた学図研結成大会では神奈川県から1人だけの参加でした。そこで、出版後まもない『教育としての学校図書館』に実践レポートを書いていた、群馬県の八木清江さんのお話を直接聞くことができました。兵庫県の土居陽子さん、岡山市の宇原郁世さんからも声をかけていただきました。学図研では、全国の学校司書の率直な意見を聞くことができ、自分の疑問を直接ぶつけることもできました。その後、実践報告や分科会など発表する機会が何度もあり、さまざまな視点から学校図書館を考えることができました。

本書では、私が全国の学校司書たちから学んだことを、できるだけ本人の生の声を生かして伝えたいと考えました。特に岐阜県の小池静子さんの実践は、ある時期に出版を考え、小池さんが書いた原稿を集めて編集作業などもしましたが、出版を実現することができませんでした。この機会に小池さんの大事なメッセージをぜひ伝えておきたい、との思いもありました。

同時に、学校図書館の実践は個々の学校司書の努力で作られてきたものであること、小・中学校の学校司書の配置は、全国各地の学校図書館の充実を願う市民の運動によって支えられたものであることも書かなければならないと思いました。さらには、学校司書の仕事が好きで続けたいのに、さまざまな理由で続けることができなかった人々がいること、こうした方たちの存在も忘れてはならないと思いました。

全国的に高校から正規職員の学校司書が減っているいま、運よく正規職員の学校司書で定年まで働くことができた私は、自分が

学んだことや知っていることを次の世代に伝えていかなければならないと感じています。2010年3月に退職して、大学院進学を決意しました。11年4月から大学院の修士課程に入学、いまは博士課程に在籍しています。13年3月に修士論文「1950年から2000年にかけての公立高校学校司書の図書館実践——教科との連携と「図書館の自由」の視点から[1]」を書きました。また本書の原稿を書いている途中で紀要論文として16年3月「1997年から2015年までの学校司書の職務内容の変化——文部省・文部科学省の見解及び会議報告と学校図書館現場の実態から[2]」を書きました。もし興味があれば、こちらも読んでいただけるとありがたいです。

　本書を執筆するお話をいただいてから3年が経過しています。なかなか原稿を書き進めることができず、青弓社の矢野恵二さんには大変ご迷惑をおかけしました。また途中で原稿を読んでいただいた方々、ご意見・ご助言、どうもありがとうございます。本書が形になるまでにご協力いただいたみなさん、心からお礼を申し上げます。

注

（1）高橋恵美子「1950年から2000年にかけての公立高校学校司書の図書館実践——教科との連携と「図書館の自由」の視点から」（http://hdl.handle.net/2261/53608）［2017年3月10日アクセス］
（2）高橋恵美子「1997年から2015年までの学校司書の職務内容の変化——文部省・文部科学省の見解及び会議報告と学校図書館現場の実態から」（http://hdl.handle.net/2261/59333）［2017年3月10日アクセス］

［著者略歴］
高橋恵美子（たかはし えみこ）
1949年、北海道生まれ
東京学芸大学卒業後、長年にわたって神奈川県立高等学校に学校司書として勤務。
現在、東京大学大学院博士課程在籍。法政大学兼任講師、東京学芸大学非常勤講師、日本図書館協会学校図書館部会長
共著に『図書館よ、ひらけ！――授業いきいき学校図書館』（公人社）ほか

学校司書という仕事

発行………2017年4月28日　第1刷
定価………1600円＋税
著者………高橋恵美子
発行者……矢野恵二
発行所……株式会社青弓社
　　　　　〒101-0061 東京都千代田区三崎町3-3-4
　　　　　電話 03-3265-8548（代）
　　　　　http://www.seikyusha.co.jp
印刷所……三松堂
製本所……三松堂
ⓒEmiko Takahashi, 2017
ISBN978-4-7872-0062-4 C0000

大串夏身監修　渡邊重夫

学校経営と学校図書館

学校図書館学1

学校司書や司書教諭など学校図書館を担う人の問題、子どもの学習と読書を支える学校図書館の存在意義、敗戦直後から現在までの学校図書館機能の変遷をわかりやすく解説する。　定価1800円＋税

大串夏身監修　小川三和子

読書の指導と学校図書館

学校図書館学2

読書の推進と指導の必要性を改めて理解し直し、その実践のために学校司書・司書教諭や各教科の担当教員と学校全体が、独自に／他の図書館と連携して何ができるのか具体的に提起。定価1800円＋税

渡邊重夫

学校図書館の対話力

子ども・本・自由

学校図書館の教育的意義と歴史的経緯を再確認し、外部の力学からの独立を訴え、特定の図書の閉架や「焚書」の検証から子どもの成長に不可欠な対話力を備えたあり方を提言する。　定価2000円＋税

大串夏身

調べるって楽しい！

インターネットに情報源を探す

調べれば世界がわかる、だから楽しい！──インターネット検索の基本から「Google」などのウェブサービスの活用法、特定のテーマを掘り下げて調べる方法をレクチャーする。　定価1600円＋税